EXAMEN

DE PROCÉDURE.

SAINT-DENIS. — IMPRIMERIE DE PREVOT.

EXAMEN

DE

PROCÉDURE,

(DEUXIÈME EXAMEN DE DROIT);

PAR F. V.,

AVOCAT A LA COUR ROYALE DE PARIS,

DOCTEUR EN DROIT.

A PARIS,

CHEZ EDOUARD LEGRAND, LIBRAIRE-ÉDITEUR,

Quai des Augustins, n° 59.

1839.

AVANT-PROPOS.

Dans un siècle actif comme le nôtre et ardent à se diriger, en toutes choses, vers les résultats utiles ou agréables, le Code de procédure civile, par la longueur des formes qu'il expose et l'aridité de ses formules, devait être assez peu goûté du commun des lecteurs, et surtout des jeunes gens. A moins de faire partie des Ecoles où il est l'objet d'un enseignement approfondi, des Cours et Tribunaux qui l'appliquent ou des professions libérales qui concourent à l'administration de la justice, on devait trouver qu'il aurait pu emprunter quelque chose à la célérité commerciale dans les formes qu'il a tracées pour l'instruction des affaires civiles; on devait désirer surtout que des rapprochements avec les autres parties de la législation et une combinaison des divers articles entre eux, vinssent prêter à une étude sévère sans contredit et à une stratégie judiciaire un peu obscure dans les livres, l'attrait et la lumière qui naissent toujours de la comparaison. Et, en réalité, les vices du Code de procédure civile sont assez généralement compris; d'un autre côté, j'ai entendu dire à beaucoup de jeunes gens qu'ils aimeraient un commentaire capable de rendre ce code accessible à leurs esprits. C'est dans le double but de faciliter pour les autres étudiants ce qui m'a paru si difficile et de montrer les superfluités en réduisant la matière aux idées principales, que je me suis décidé à publier cet opuscule, abrégé de longs travaux. En le faisant paraître, je suis loin de prétendre à la moindre célébrité, sous le rapport de la science, puisque je ne fais que livrer au public une partie de ce que j'ai reçu des différents professeurs dont j'ai suivi les cours à la Faculté de Droit de Paris. Je serais heureux de me dire que j'ai pu être utile à plusieurs, sans déplaire à personne.

Une circonstance heureuse, qui donne à l'ouvrage une garantie solide et à l'auteur une assurance légitime dont il est bien reconnaissant, c'est la bonté avec laquelle M. Poncelet, professeur de l'Ecole de Droit, s'est prêté à une révision attentive et approfondie du manuscrit. Cet examen a eu pour résultat des modifications fort avantageuses ; il ne saurait manquer d'être apprécié par tout le monde.

EXAMEN

DE PROCÉDURE.

LIVRE PREMIER.

TITRE Ier.

DES CITATIONS.

Art. 1. — (*Voy*. n° 8.)
Art. 2 et 3. — (*Voy*. n° 7.)
Art. 4. — (*Voy*. n° 8, à la note.)
Art. 5. — (*Voy*. n° 8.)
Art. 6. — (*Voy*. n° 8.)

Art. 7. — (*Voy*. pour la comparution volontaire, n° 8, à la note; pour la compétence de dernier ressort, par suite de l'autorisation des parties, n° 56; et pour l'attribution de compétence par les parties, n° 7.)

TITRE II.

DES AUDIENCES DU JUGE DE PAIX ET DE LA COMPARUTION DES PARTIES.

Art. 14.— La preuve par vérification d'écriture a paru spéciale aux tribunaux ordinaires ; aussi les tribunaux de commerce, qui sont d'exception comme les justices de paix, sont-ils également dépourvus de juridiction à cet égard. (Pr. 427.)

Art. 15.— C'est une disposition toute exceptionnelle que cette péremption d'un jugement interlocutoire faute de jugement définitif qui le suive dans les quatre mois. (Pr. 397.)

Art. 16.— Abrogé par l'art. 13 de la loi du 25 mai 1838. « L'appel des jugements des juges de « paix ne sera pas recevable après les *trente jours* « qui suivront la signification du jugement à l'é« gard des personnes domiciliées dans le can« ton. » Les autres ont de plus le délai réglé par les art. 73 et 1033 du Code de procédure.

Art. 17.— Abrogé par la nouvelle loi sur les justices de paix du 25 mai 1838 (art. 11.) L'exécution provisoire n'a plus jamais lieu par la seule force de la loi : elle sera ordonnée dans les trois cas de l'art. 135, 1° du Code de procédure (*Voy.* n° 22); elle peut être ordonnée dans tous les autres cas.

Art. 18. — (*Voy.* n° 16.)

TITRE III.

DES JUGEMENTS PAR DÉFAUT ET DES OPPOSITIONS A CES JUGEMENTS.

Art. 19, 20, 21, 22. — (*Voy.* n°s 24 et 27.)

TITRE IV.

DES JUGEMENTS SUR LES ACTIONS POSSESSOIRES.

1. *A quelles conditions une action possessoire est-elle recevable?*

2. *Pourquoi le possessoire doit-il être distinct du pétitoire et à lui préalable?* (Pr. 25, 27.) — *Pourquoi la loi va-t-elle jusqu'à dire que le défendeur qui a succombé au possessoire n'aura pas le pétitoire avant d'avoir acquitté les premières condamnations?*

1. Une action possessoire est une action tendant à obtenir d'être réintégré ou maintenu soit dans la détention d'un immeuble (1), soit dans la jouissance d'un droit réel, d'usufruit, d'usage, de servitude, d'antichrèse, qui ont été enlevées ou troublées par un prétendu possesseur légal. Elle n'est recevable qu'autant qu'elle a été formée 1° dans l'année de la spoliation ou du trouble ; 2° par ceux qui, lors de la spoliation ou du trouble, avaient, depuis une année au moins (Pr. 23) (2), par eux ou les leurs (Pr. 23), c'est-à-

---

(1) Point d'actions possessoires en matière mobilière; car, *en fait de meubles, possession vaut titre* (C. civ. 2279, § 1). Dans les cas d'exception, de perte ou de vol (C. civ. 2279, § 2), ce n'est encore qu'à titre d'ancien détenteur, et non de possesseur légal, que le demandeur agit; et d'ailleurs, il revendique; ce qu'il veut, c'est la propriété.

(2) Il faut remarquer toutefois que la jurisprudence de la Cour de cassation paraît dispenser de la possession annale celui qui prétend être rétabli dans sa détention ou jouissance, ou autrement le demandeur en *réintégrande*, à la différence du demandeur en *complainte*, de celui qui ne veut qu'être maintenu. *Voy.* entr'autres arrêts, 10 novembre 1819, S. 20. 1. 209, et 28 décembre 1826, S. 27. 1. 73. Voici les motifs de ce dernier arrêt :

Attendu que celui qui a été dépossédé par violence ou voie de fait, doit, avant tout, rentrer dans sa possession : *spoliatus antè omnia restituendus*. Que c'est sur ces prin-

dire par leurs mandataires (C. civ. 2228) ou par leurs auteurs (C. civ. 2235), une possession suffisante pour prescrire, pour acquérir, après dix, vingt ou trente années, suivant les cas, la propriété de l'immeuble qu'ils possédaient (C. civ. 2262, 2265). Telle est la possession légale, ainsi qualifiée comme étant paisible (Pr. 23; C. civ. 2233), à titre non précaire (ou de propriétaire) (Pr. 23; C. civ. 2229, 2236), ajoutons, continue, de la part de celui qui possède, et non interrompue par celui contre qui l'on possède, publique, non équivoque. (C. civ. 2229, 691, 2243, 2244.)

2. Si le possessoire et le pétitoire ne peuvent être cumulés, mais doivent être disposés de telle sorte que le possessoire précède, c'est parce que le résultat du procès engagé sur le possessoire (question de possession légale) sera de déterminer les rôles dans l'instance sur le péti-

---

cipes conservateurs de l'ordre social et de la paix publique que repose l'action *en réintégrande*. Que naissant d'une *dépossession par violence* ou *voie de fait*, et fondée sur une jouissance *matérielle*, elle ne doit présenter qu'une *simple détention naturelle au moment* de la violence ou voie de fait.

toire (question de propriété, du fond du droit) : la partie qui l'aura emporté dans le premier débat sera défenderesse devant le tribunal d'arrondissement ; la position de demandeur au pétitoire, de revendiquant, et le fardeau de la preuve toujours imposé à celui qui affirme, seront pour le non possesseur légal, déclaré tel par le juge de paix. Aussi est-ce renoncer au possessoire non encore vidé, en reconnaissant dans son adversaire un possesseur légal, que d'agir au pétitoire. (Pr. 26.)

La loi n'ouvre même pas le pétitoire dès que l'instance sur le possessoire est terminée ; elle veut que le détenteur condamné ait exécuté la sentence pour qu'il puisse devenir revendiquant. Il faut que les positions légales soient établies et le tort primitif réparé. Mais, d'un autre côté, il serait possible que la partie qui a triomphé au possessoire ajournât l'exécution du jugement pour écarter une instance au pétitoire dont elle redoute l'issue et que la liquidation des premières condamnations ouvrira pour le non possesseur. C'est cet abus que le juge du pétitoire peut empêcher en fixant un délai pour la liquidation. (Pr. 27.)

TITRE V.

DES JUGEMENTS QUI NE SONT PAS DÉFINITIFS.

Art. 28. — Un motif de célérité et d'économie facile à comprendre a fait déroger ici à la règle générale qui ne permet de regarder un jugement comme légalement connu d'une partie, que quand il lui a été signifié. (*Voy*. n° 18.)

Il y a plus ; le prononcé du jugement, son audition, qui vaut signification, vaut en outre citation à partie quand il fixe jour et heure pour une opération qui intéresse l'instruction de l'affaire. (*Voy*. le contraire en matière civile ordinaire, n° 44.)

Art. 29. — Il n'y a rien ici que de très conforme aux règles de l'enquête ordinaire. (*Voy*. n° 43.)

Art. 31. — (*Voy*. n° 59.)

TITRE VI.

DE LA MISE EN CAUSE DES GARANTS.

Art. 32. — Remarquons seulement ici que la mise en cause d'un garant a besoin d'être ordonnée, à la différence de ce qui se passe devant les tribunaux d'arrondissement où elle est entièrement libre de la part du défendeur originaire; mais cette nécessité d'un jugement qui ordonne la mise en cause tient surtout à la nécessité même de fixer un délai, puisqu'il n'y en a point ici comme en matière civile ordinaire. (*Voy.* n° 32.)

Art. 33. — De même qu'en matière ordinaire, un retard apporté dans la proposition de l'exception de garantie ou dans l'exercice même du droit de mise en cause par voie de citation, réduit le défendeur à se pourvoir contre son garant par instance séparée. (*Voy.* n°s 35 et 32.)

TITRE VII.

DES ENQUÊTES.

Art. 34. — (*Voy.* n° 38.)

Art. 35. — (*Voy.* n° 45.)

Art. 36. — (*Voy.* n° 44, pour l'appel de la partie à l'enquête, et n° 46, pour les reproches.

Art. 37. — (*Voy.* n° 45.)

Art. 38. — Cette enquête faite en vue des lieux qui donnent matière au litige, étant spécialement appropriée aux *actions possessoires* qui sont toujours portées en premier ressort devant le juge de paix, devait être mentionnée ici.

Art. 39 à 43. — Le seul point important que contiennent ces articles, est la différence relative au procès-verbal d'enquête ou de visite de lieux suivant que l'affaire est ou non de dernier ressort. Si elle ne doit pas aller plus loin que la justice de paix, point de procès-verbal ; sinon, il en faut un pour éclairer le juge d'appel. Pareille distinction a lieu en matière sommaire devant les tribunaux d'arrondissement. (*Voy.* n° 54.)

LIVRE DEUXIÈME.

TITRE I.

DE LA CONCILIATION.

3. *Quelle est la vraie nature d'un procès-verbal de conciliation devant le bureau de paix? — Quelles sont les conséquences de cette nature? — Quelle est la force d'un procès-verbal de conciliation?*

4. *Quelles sont les affaires qui sont dispensées du préliminaire de la conciliation?*

5. ***La citation en conciliation, même non suivie de résultat, n'a-t-elle pas des effets?***

6. ***Comment se constatent la non concialiation des parties et la non comparution de l'une d'elles?***

3. Un procès-verbal de conciliation est un acte constatant une transaction intervenue entre les parties, les plaideurs, pardevant le juge de paix. (Pr. 54, § 1.)

Il s'ensuit :

1°. Que la citation en conciliation du défendeur de la part d'une personne qui se propose de devenir demanderesse contre lui ou la comparution volontaire des deux parties entre lesquelles doit s'établir un litige, quoique imposée en règle générale, comme préliminaire essentiel à toute demande principale introductive d'instance portée devant un tribunal d'arrondissement jugeant en premier ressort, *en première instance*, et non point sur appel d'une sentence du juge de paix (Pr. 48), est impossible s'il y a incapacité de transiger chez les parties ou chez l'une d'elles (1), et encore si l'objet du procès ne peut être la matière d'une transaction. (Pr. 48.) (2).

2°. Que les demandes qui intéressent l'État, le Domaine, les Communes, les Établissements publics, les mineurs non émancipés, les interdits, les successions vacantes, en un mot, les personnes juridiques placées sous une tutelle soit administrative, soit civile, sont dispensées du préliminaire de la conciliation (Pr. 49, 1°. et 7°.) ; et cela à cause des frais, des longueurs que nécessitent les formes et les conseils que la loi exige pour la validité d'une transaction, et qu'elle aurait également exigés pour celle d'une conciliation relative aux affaires d'une personne en état de minorité. (C. civ. 2045, §§ 2 et 3 ; 467, 509.)

La force d'un procès-verbal de conciliation est vaguement définie par le Code de procédure : «Les conventions des parties, insérées au procès-ver-

---

(1) Telle est la condition de l'individu pourvu d'un conseil judiciaire, puisqu'il est précisément incapable de *transiger* (C. civ. 513, 499). L'héritier bénéficiaire, simple administrateur des biens de la succession (C. civ. 803), n'a pas non plus le droit de transiger ; en le faisant, il aliénerait et deviendrait héritier pur et simple.

(2) Pour transiger, il faut avoir la capacité de disposer des objets compris dans la transaction. (C. civ. 2045, § 1).

bal, ont *force d'obligation privée.*» (54, § 2.) Il n'en est pas moins constant que ce procès-verbal est un acte public, étant conforme à la définition de cet acte donnée par le Code civil (1317), et non point à la définition de l'acte sous-seing privé (C. civ. 1322). Mais le motif qui a fait employer les mots qu'on lit dans la loi, c'est que, bien qu'authentique, le procès-verbal de conciliation n'est pas exécutoire contre un débiteur, n'emporte pas exécution par lui-même, n'a pas comme l'on dit, force *d'exécution parée*; c'est qu'en second lieu, il ne peut pas renfermer une stipulation d'hypothèque. Privé de ce double effet, attribué par la loi aux autres actes authentiques (Pr. 545; C. civ. 2127), le procès-verbal n'a pas d'autre vertu que le troisième genre de force attribué aux actes authentiques, savoir : de faire foi jusqu'à inscription de faux (C. civ. 1319). Cette restriction a été motivée par l'intérêt seul des notaires.

4. Sont dispensées du préliminaire de la conciliation :

1°. Les demandes qui requièrent *célérité* (Pr. 49, 2°.), spécialement, vu l'urgence, les demandes en matière de commerce (Pr. 49, 4°.), de mise en liberté (Pr. 49, 5°.), sur les saisies

(Pr. 49, 7°.), sur les offres réelles (comparez Pr. 49, 7°. et 815), les demandes en paiement de loyers, fermages ou arrérages de rentes ou pensions (Pr. 49, 5°.), celles des avoués en paiement de frais (Pr. 49, 5°.) (1), les demandes contre des experts en dépôt de leur rapport au greffe (Pr. 320), les demandes afin de constituer avoué, après décès ou changement d'état du demandeur (Pr. 345, § 2.), la mise en cause des parties intéressées dans la rectification d'un acte de l'état civil. (Pr. 856.)

2°. Les demandes en intervention (Pr. 49, 3°; exemple, Pr. 871), en vérification d'écritures, en désaveu, en réglement de juges, ces dernières ayant pour objet de faire décider, par une juridiction supérieure, quel est celui de deux tribunaux déjà saisis concurremment, qui est compétent pour connaître d'une affaire (Pr. 363), les demandes en renvoi à un autre tribunal pour parenté ou

---

(1) Ici d'ailleurs, ajoutons que l'essai de conciliation serait infructeux, si l'avoué, dans son état de frais, s'est conformé, comme on doit le croire, au tarif déterminé par le décret du 16 février 1807, et que, s'il ne s'y est pas conformé, ce même essai serait une chose fâcheuse, puisqu'il dépendrait du contrevenant de le faire réussir et d'échapper ainsi, par une transaction, à la sévérité du tribunal près lequel il exerce. (Pr. 360.)

alliance d'une partie avec des membres du tribunal saisi (Pr. 369.) — (*Voy.* sur le tout, Pr. 49, 7°.), — les contestations incidentes à une poursuite de saisie immobilière (Pr. 718) ; — les demandes en garantie. En effet, les premières sont des *incidents* (*V.* notamment Code de procédure, Liv. 2, Tit. 16, § 2 ; art. 193, 195 ; Liv. 5, Tit. 13), et les demandes en garantie, quand elles sont formées pendant le débat qui s'agite entre l'acheteur et un tiers, sont des *exceptions dilatoires*. (*Voy.* Pr. Liv. 2, Tit. 9, § 4, art. 175 et suivants.) Ainsi, aucune d'elles n'a le caractère de *demande principale introductive d'instance* (1), et par conséquent ne tombe sous l'application des termes de l'art. 48. Ces sortes de demandes ne sont pas, à proprement parler, l'objet d'une dispense de conciliation ; il est plus vrai de dire qu'elles restent en dehors de la règle. Et la raison qui a fait restreindre la règle au cas de demande principale, c'est, avant tout, le désir d'éviter des lenteurs, et puis aussi, pour les incidents

---

(1) Ces mots *principale* et *introductive d'instance* ne font pas pléonasme ; en effet, une demande en garantie dans les rapports du défendeur originaire et de celui qu'il assigne, une demande en intervention, en ce qui touche l'intervenant, sont principales, sans être introductives d'instance ; mais comme toute demande *introductive d'instance* est *principale*, le premier de ces mots aurait suffi.

nés entre les parties originaires, la probabilité qu'une tentative de conciliation, déjà inutile avant l'incident, le serait encore plus depuis qu'il a été soulevé.

3°. Les demandes formées contre plus de deux parties, encore qu'elles aient le même intérêt (Pr. 49, 6°.), par exemple contre trois débiteurs; c'est à cause de la presque certitude qu'il y aurait de voir échouer la tentative de déterminer à se concilier, avec leur adversaire, trois défendeurs dont les intérêts peuvent être distincts, quand il est déjà si difficile de concilier deux personnes. A cette disposition se rattache le nombre de *deux* défendeurs indiqué à l'art. 50, 1°; au-delà de ce nombre, en effet, il n'y a pas mission pour le juge conciliateur.

5. La citation en conciliation a toujours deux effets:

1°. D'interrompre la prescription. (Pr. 57; C. civ. 2245.)

2°. De faire courir les intérêts d'un capital de créance dus pour retard de paiement après l'échéance et pour cela dits *moratoires* (Pr. 57, addition au C. civ. 1153.)

Mais il faut, pour produire ces effets, que la citation soit suivie d'une assignation dans le mois, à dater du jour de la non comparution ou de la non conciliation.

6. La non conciliation est mentionnée sommairement dans un procès-verbal en ces termes : « n'ayant pu concilier les parties, nous les avons « renvoyées devant les juges compétens. » (Pr. 54.) (1).

Comme le procès-verbal n'est utile que pour constater les déclarations des parties, il serait frustratoire lorsque l'une des parties ne comparaît pas. On se borne donc à mentionner la non comparution sur le registre du greffe de la justice de paix, et sur l'original *ou* la copie de la citation, suivant que c'est le demandeur ou le défendeur qui se présente. (Pr. 58.)

---

(1) L'art. 3 de la loi des 16-24 août 1790, sur l'organisation judiciaire, disait : « Pourront les parties se « faire respectivement des interpellations, et du tout sera « fait *mention,* ainsi que des dires, aveux, dénégations et « conventions des parties, dans le procès-verbal. » Mais lors de la rédaction du Code de procédure, le président du Conseil d'Etat montra qu'il fallait ne pas faire dresser un procès-verbal détaillé des aveux ; il est possible, en effet, dit il, que cette formalité devienne un moyen de circonvenir des hommes simples et sans connaissances. *Voy.* au surplus l'art. 10 du tarif des frais et dépens, D. 16 février 1807. Toullier et Carré sont d'un avis contraire; selon eux, la disposition de la loi de 1790 n'est pas abrogée. (*Voy.* Carré, vol. 1, p. 128.)

TITRE II.

DES AJOURNEMENTS.

7. *Devant quel tribunal d'arrondissement doit être portée une affaire civile, suivant la nature de l'action intentée? — Dans quels cas la compétence est-elle réglée indépendamment de l'action intentée? — En quoi les règles de compétence relatives aux justices et aux bureaux de paix, diffèrent-elles de celles qui concernent les tribunaux d'arrondissement? — En quoi la compétence, relative aux actions personnelles, a-t-elle, en matière commerciale, une variété étrangère aux affaires civiles?*

8. *Que doit contenir une citation devant la justice* (1) *ou le bureau de paix, ou un ajournement* (*assignation*) *devant le tribunal d'ar-*

(1) Notons du reste qu'il n'est pas besoin de citation devant le juge de paix, et que les parties peuvent toujours se présenter volontairement devant lui, déclarant par écrit qu'elles demandent jugement. (Pr. 7.)

rondissement (ici, à peine de nullité, même pour les formalités non substantielles, telles que la mention de la profession ou des prénoms du demandeur), ou enfin un ajournement devant le tribunal de commerce? — Quels en sont les délais? — Comment s'abrègent-ils en matière civile ou commerciale, et ici jusqu'à quel point?

9. *Quand une action est intentée, non contre un particulier et une personne physique, mais contre un être moral, ou plutôt une personne juridique, telle que l'Etat, le trésor public, etc. ou contre le Roi, contre qui l'assignation est-elle dirigée?*

10. *Où dépose-t-on l'assignation donnée contre une personne 1° lorsqu'elle n'a aucun domicile connu en France; 2° lorsque le lieu de sa résidence actuelle n'est pas connu; 3° lorsqu'elle habite le territoire français, hors du continent; 4° lorsqu'elle est établie à l'étranger.*

7. § 1. En matière *personnelle*, c'est-à-dire sur une question d'obligation, d'engagement, soit conventionnel (C. civ. 1101), soit formé sans convention (C. civ. 1370), le défendeur (débiteur prétendu) est assigné devant le tribunal de son domicile (1); s'il n'a pas de domicile, devant le tribunal de sa résidence (Pr. 59, § 1). Ainsi, en règle générale, *actor sequitur forum rei;* la loi a été faite pour la commodité du défendeur, et l'équité le voulait. S'il y a deux défendeurs ou un plus grand nombre poursuivis au même titre, c'est devant le tribunal du domicile de l'un d'eux, au choix du demandeur, que la demande est portée, afin d'éviter la multiplicité des instances et la contrariété des jugements. (Pr. 59, § 2.)

En matière *réelle*, c'est-à-dire sur une question de propriété ou autre droit réel, comme d'usufruit, de servitude, d'hypothèque (C. civ. 544, 578, 637, 2114), le défendeur (détenteur) est assigné devant le tribunal de la *situation de l'objet litigieux.* (Pr. 59, § 3.) Ces derniers mots limitent l'application de ce § aux immeubles, qui, seuls, ont un

---

(1) S'il a été fait élection de domicile dans un acte, le demandeur en exécution de cet acte peut assigner son débiteur, ou devant le tribunal du domicile élu, ou devant le tribunal du domicile réel (Pr. 59, § 9; Code civ. 111). C'est une option qui lui est laissée; car il peut renoncer au bénéfice du domicile élu.

siège fixe, une *situation* véritable. Les meubles n'ont qu'une situation fictive, légale, qui est le domicile de leur possesseur actuel. On reste donc en matière *réelle-mobilière* sous l'empire de la règle générale (Pr. 59, § 1), ou de la modification qu'elle éprouve quand il y a plusieurs défendeurs (Pr. 59, § 2). Et il en est ainsi toutes les fois qu'il ne s'agit pas d'actions *réelles-immobilières ;* les questions d'état, c'est-à-dire les affaires relatives à l'état des personnes, à leur qualité de père, de fils, ou d'époux, sont au nombre des matières réelles, puisque l'état est réclamé non vis-à-vis de tel individu, mais vis-à-vis de tous, et le tribunal compétent n'en est pas moins celui du domicile du défendeur.

Si on a fait exception à la règle générale de compétence, à celle des matières personnelles, pour les matières *réelles-immobilières*, c'est qu'on a pensé que les opérations destinées à l'instruction de l'affaire, expertises, descentes sur les lieux, étant faites par le tribunal même qui siège dans la localité, seraient plus promptes, moins coûteuses et mieux conduites ; et, par cette dernière raison, aboutiraient à un résultat qui serait plus exact, à un procès-verbal de visite plus juste au fond, à un rapport d'experts plus judicieusement contrôlé par le tribunal avant d'être homologué.

En matière *mixte*, le défendeur est assigné devant le tribunal de son domicile, ou devant celui de la situation de l'objet litigieux, au choix du demandeur (Pr. 59, § 4). « Les actions mixtes sont, « dit Pothier (introduction générale aux coutu- « mes, § 121), des actions dont la nature parti- « cipe de celle des actions réelles et de celle des « actions personnelles. On en compte trois : l'ac- « tion de bornage entre voisins ; l'action de par- « tage d'une succession entre des cohéritiers ; et « l'action de partage de quelqu'autre chose que « ce soit. » Ces actions sont appelées *finium regundorum*, *familiæ erciscundæ*, *communi dividundo* dans les textes du droit romain (*V.* surtout *Instit Justin.* lib. 4, tit. 6, *de actionibus*, § 20.) Ces actions, continue Pothier que nous abrégeons, sont *réelles* en ce sens que le demandeur réclame comme *propriétaire*, soit d'une portion de terrain limitrophe de son héritage, soit d'une portion de la succession, soit d'une portion de la chose commune, parts dont il demande la fixation ; en un mot, il revendique. Elles sont *personnelles* en ce sens qu'elles naissent d'une *obligation*, de celle de se borner, ou de celle de sortir de l'indivision, qui sont imposées, celle là aux voisins, celle-ci aux cohéritiers ou copropriétaires, lorsque l'un d'eux le requiert. Or, il est certain que ce double caractère de réalité et de personnalité appartient encore aujourd'hui à ces mêmes actions ; au sujet du second caractère, *voy.* pour l'action en bornage, C. civ. 646 et 1370, § 3, et pour les actions en partage, C. civ. 815. Il est constant d'ailleurs, et cela importe au plus haut point, que l'interprétation du mot *action mixte*, donnée par Pothier, est celle qu'avaient présente à l'esprit les rédacteurs du Code de procédure.

Remarquons au surplus, que cette nature d'action mixte est indifférente pour l'action en partage d'une succession, puisque la compétence, motif unique de rechercher la nature d'une action, est spécialement attribuée pour celle-ci au tribunal du lieu d'ouverture de la succession, du domicile du défunt. (Pr. 59, § 6 ; C. civ. 822, § 1).

Quoi qu'il en soit, les trois actions de bornage, de partage d'une succession et de partage d'un autre objet, ne sont pas les seules *actions mixtes* qui existent. Pothier y joignait, et comme exemple seulement, l'action en réméré (C. civ. 1659), l'action en résolution d'une vente pour défaut de paiement du prix (C. civ. 1184, 1654), l'action en rescision d'une vente pour cause de lésion (C. civ. 1674) ; cette opinion de Pothier avait prévalu entièrement dans l'ancien droit, en doctrine et en pratique : il est donc probable qu'elle est encore aujourd'hui dans l'esprit de la loi. Ce qui appuie cette opinion, c'est que les actions dont il s'agit, bien que *personnelles* principalement, comme tendant à l'exécution d'une *obligation*, d'une clause expresse ou tacite d'un contrat, sont aussi *réelles*, comme ayant pour but de réinvestir le demandeur (vendeur) de la *propriété*, et pouvant, à cause de cela, être exercées contre un tiers acquéreur. (C. civ. 1664; 1681, § 2.)

§ 2. Mais, en matière de *garantie*, la loi a réglé la compétence, déterminé le tribunal qui devait être saisi de la demande, indépendamment de la nature de l'action intentée. L'assignation se donne devant le tribunal où la demande originaire est pendante; le garant est appelé devant le tribunal où celui qui l'appelle en garantie, à son secours, le défendeur originaire, a déjà comparu sur la demande intentée contre lui par le demandeur originaire (Pr. 59, § 8; 181.), ainsi devant le tribunal de la situation de l'immeuble revendiqué par un tiers contre un acquéreur qui exerce alors un recours contre son vendeur. (C. c. 1603, 1625). Il est encore possible qu'une demande en garantie soit formée par un individu déjà demandeur, ainsi par un cessionnaire de créance qui appelle son cédant, parce que le débiteur oppose la non existence du droit cédé (C. civ. 1693).

Dans ce cas, c'est devant le tribunal du domicile du défendeur que l'appel en garantie aura lieu ; c'est là en effet qu'est déjà portée l'action personnelle intentée par le cessionnaire de créance. (Pr. 59, § 1.)

Cette jonction des deux instances, principale et incidente, a pour but d'économiser le temps, de diminuer les frais, et surtout de prévenir des décisions judiciaires opposées. Elle tient encore à la nature d'accessoire, propre à l'action en garantie, qui la rattache à l'action principale ; aussi la jonction n'a-t-elle pas lieu quand l'action en garantie est elle-même principale, étant dirigée contre le vendeur par un acquéreur déjà condamné, dépossédé judiciairement, évincé (C. civ. 1640), ou par un porteur de créance qui a déjà succombé dans sa demande contre le débiteur à lui cédé.

Une *société*, tant qu'elle existe, une *succession* s'il y a plusieurs héritiers, une *faillite*, sont assignées, en toutes matières, devant le tribunal de leur domicile. Ce domicile est pour une société le lieu où elle est établie (Pr. 59, § 5) (1), parce

---

(1) L'art. 50, 2°, au titre de la conciliation, contient une disposition semblable ; mais on y lit cette addition : *autre que celle de commerce*. C'est qu'en effet, toutes les matières commerciales sont dispensées du préliminaire

que c'est là que sont les papiers et registres sociaux à employer en justice; pour une succession, également par un motif tiré des facilités de la défense, le lieu où elle s'est ouverte, le domicile du défunt (Pr. 59, § 6); pour une faillite, le domicile du failli. (Pr. 59, § 7.)

Toutefois, à l'égard d'une succession, l'assignation ne se donne devant le tribunal du lieu où la succession est ouverte que pour trois sortes de demandes; 1° d'un héritier contre son cohéritier, pour mesures d'administration, ou en compte liquidation et partage; 2° d'un créancier du défunt contre les héritiers; 3° d'un légataire du défunt contre les héritiers, pour l'exécution des dispositions à cause de mort (Pr. 59, § 6; C. civ. 822, § 1). Et d'un autre côté, la dérogation au principe général de compétence n'est admise qu'*avant le partage* (1); lorsqu'en effet il a eu lieu, lorsqu'il a été homologué (Pr. 981), l'être moral *hérédité* n'existe

---

de la conciliation (Pr. 49, 4°.); il n'y avait donc lieu de s'occuper de la compétence pour aucune de ces matières au bureau de paix.

(1) Les expressions diverses que le Code emploie dans les trois cas n'offrent que des variantes.

plus, il a fait place à des héritiers qui doivent être traités comme des défendeurs ordinaires.

Il faut, d'après le Code civil (822, § 2), ajouter à celles que nous venons de dire les demandes relatives à la garantie des lots entre cohéritiers (C. civ. 884) et celles en rescision de partage (C. civ. 887). En effet, ces demandes ne peuvent être soumises à un tribunal mieux préparé que celui qui a déjà connu du partage, au moins quant aux opérations qu'il exige, n'eût-il donné lieu à aucune contestation. (Pr. 966-985.)

Enfin, les demandes formées pour frais par les officiers ministériels sont portées non pas au domicile de leurs débiteurs (défendeurs) d'après la règle générale (Pr. 59, § 1), mais au tribunal où les frais ont été faits (Pr. 60). Cette exception est fondée sur l'intérêt de l'officier ministériel et sur celui du service public qui souffriraient d'un déplacement ou de la nécessité de suivre une instance éloignée. Elle est fondée, avant tout, sur un certain motif d'ordre public; il importe, en effet, que les demandes en paiement de frais soient soumises au tribunal qui tient l'officier ministériel sous sa surveillance, c'est-à-dire à celui dans le ressort duquel il exerce. Ce tribunal pourra réduire l'état des frais s'il est excessif, non conforme au tarif, au décret du 16 février 1807.

Mais à une première exception relative à la compétence, il se joint ici une exception plus notable en matière de juridiction ; car il résulte de la loi qu'un avoué d'appel doit porter sa demande de frais à la cour d'appel immédiatement, sans passer par le tribunal d'arrondissement, en premier ressort (1).

§ 3. Les règles de compétence posées pour les tribunaux d'arrondissement s'appliquent aux justices de paix et aux bureaux de paix, sous les modifications suivantes :

1°. En justice de paix, le défendeur est cité devant le juge de la situation de l'objet litigieux, non seulement en matière *réelle-immobilière*,

---

(1) La disposition comprend tous les officiers ministériels (avoués, greffiers, commissaires-priseurs, huissiers, notaires, gardes du commerce), quoique l'on put dire que, d'après la lettre, elle ne doit s'appliquer qu'aux actes judiciaires. Mais on consulte son esprit ; par là, on l'applique aux huissiers, quant aux actes extrajudiciaires de leur ministère, aux sommations, par exemple ; et les notaires qui ne font rien que d'extrajudiciaire, trouvent pour le paiement de leurs honoraires une disposition pareille à celle-ci dans l'art. 51 de la loi du 25 ventôse an XI sur le notariat : « Les honoraires et vacations des no« taires seront réglés à l'amiable entr'eux et les parties, « sinon par le tribunal civil de la résidence du notaire, « sur l'avis de la Chambre et sur simples mémoires, sans « frais. »

sur une question de possession, en vertu d'une *action possessoire*, seule espèce d'action réelle immobilière portée devant le juge de paix, (Pr. 3, 2°.), mais encore sur de véritables *actions personnelles*, ainsi pour dommages aux champs, fruits et récoltes (C. civ. 1382), réparations locatives (C. civ. 1720, 1754), indemnité prétendue par le fermier ou locataire pour non jouissance (C. civ. 1726) (lorsque le droit à une indemnité ne sera pas contesté et qu'il n'y aura qu'à en déterminer le montant), dégradations alléguées par le propriétaire (C. civ. 1731, 1732) (*Voy.* sur le tout, Pr. 3. 1°, 3°, 4°). Le législateur a pensé que le juge de paix le plus apte à décider était le plus voisin des lieux à l'occasion desquels est né le débat.

2°. Au bureau de paix, le défendeur est cité devant le tribunal de son domicile, *tant en matière réelle qu'en matière personnelle* (Pr. 50, 1°). Pour le cas où il s'agit de statuer, on a choisi le juge le plus voisin de l'immeuble litigieux, pensant qu'il serait le mieux instruit des faits de la cause ; mais pour la conciliation, on a préféré le juge le plus voisin d'une des parties, du défendeur, comme le plus propre par ses relations à rétablir la concorde.

§ 4. En matière commerciale, pour les actions personnelles, le demandeur n'est pas renfermé dans l'observation de la règle, *actor sequitur forum rei* (Pr. 59; 420, § 1). Le tribunal du domicile du défendeur est toujours compétent; mais on peut choisir encore soit le tribunal dans l'arrondissement duquel la promesse a été faite, et, de plus, la marchandise livrée, soit celui dans l'arrondissement duquel le paiement devait être effectué. (Pr. 420, §§ 2 et 3.)

8. § 1. Tout exploit de citation ou d'ajournement (assignation) doit contenir :

1°. Les noms, profession et domicile du demandeur;

2°. Les noms et demeure du défendeur;

3°. Les noms, demeure et immatricule de l'huissier;

4°. L'objet de la demande et l'exposé sommaire des moyens (1);

---

(1) En matière réelle ou mixte, les exploits d'assignation doivent, à peine de nullité, indiquer l'objet de la demande en énonçant la nature de l'héritage, la commune, et autant qu'il est possible, la partie de la commune où il est situé, et deux au moins des tenants et aboutissants; s'il s'agit d'un domaine, corps de ferme

5°. L'indication du tribunal qui doit connaître de la demande ;

6°. La mention de la personne à laquelle copie de l'exploit est laissée (1) (l'original de l'exploit reste chez l'huissier) ;

---

ou métairie, il suffira d'en désigner le nom et la situation. (Pr. 64.)

La citation en conciliation n'a pas besoin de contenir l'exposé même sommaire des moyens de la demande. (Pr. 1 et 52 comparés.)

(1) Tout exploit étant fait *à personne ou domicile*, on peut le remettre, si le défendeur n'est pas chez lui, à quelqu'un de chez lui, trouvé à son domicile, à un de ses parents ou serviteurs, et ce dernier mot s'étend aux portiers; mais si l'huissier ne trouve aucun d'eux au domicile, il remettra de suite la copie à un voisin qui signera l'original; et s'il ne peut ou ne veut signer, l'huissier remettra copie au maire ou à l'adjoint de la commune, lequel visera l'original sans frais (Pr. 68). S'il refusait, l'original serait visé par le procureur du Roi de l'arrondissement (Pr. 1039), et c'est lui qui ferait tenir la copie au défendeur.

L'huissier fera mention du tout, tant sur l'original que sur la copie. (Pr. 4, 68.)

En justice de paix, la copie est remise au maire ou à l'adjoint, dès qu'il n'y a personne au domicile du défendeur. (Pr. 4.)

En matière commerciale maritime, il y a un principe spécial. Déjà l'Ordonnance de 1681 (Liv. 1, Tit. 11, art. 1) disait : « Tous exploits donnés aux maîtres et ma« riniers dans le vaisseau, pendant le voyage, seront va-

7°. La date (jour, mois et an) de l'exploit;

8°. L'indication du délai pour comparaître, ce qui, devant un tribunal d'arrondissement, signifie notifier au demandeur la constitution qu'on a faite d'un avoué. (Pr. 1 et 61.)

Dans les assignations devant le tribunal d'arrondissement, ou, comme dit la pratique, devant le tribunal civil de première instance, il faut, à peine de nullité, que le demandeur de son côté constitue un avoué (Pr. 61, 1°). Ailleurs, cette nouvelle mention n'est pas même possible; car il n'y a d'avoués ni devant les justices de paix (Pr. 9), ni devant les tribunaux de commerce (Pr. 414; C. com. 627), ni devant les tribunaux civils jugeant commercialement. (C. com. 641).

Une seconde formalité particulière aux assignations civiles, est la copie, en tête de l'exploit, de la mention de non conciliation ou de non comparution au bureau de paix (Pr. 65); c'est à peine de nullité.

Notons encore, pour les seules assignations,

« lables comme s'ils étaient faits à *domicile.* » Telle est la règle que l'art. 419 du Code de procédure étend à tous les passagers, et sans distinction entre les ports où ils se trouvent à bord.

mais non à peine de nullité, l'obligation de donner copie par extrait *parte in quâ* des pièces sur lesquelles la demande est fondée (Pr. 65; tiré de l'ordonnance de 1667; tit. 2, art. 6), et de mentionner le coût de l'exploit, ceci à peine de 5 francs d'amende. (Pr. 67, tarif de dépens, art. 66.)

§ 2. Le délai, pour comparaître, est d'un jour devant la justice de paix (Pr. 5, § 1), à peine de réassignation si le défendeur fait défaut par inobservation du délai (Pr. 5, § 3); de trois jours devant le bureau de paix. (Pr. 51.)

Il est de huit jours devant le tribunal d'arrondissement, pourvu que le défendeur soit domicilié en France (Pr. 72, § 1). S'il est domicilié hors de la France continentale, le délai varie de deux mois à un an, suivant les distances (Pr. 73). Si, du reste, bien que non domicilié en France, il reçoit lui-même l'assignation en France, le délai reste de huitaine. (Pr. 74.)

Au surplus, le juge de paix et le président du tribunal peuvent toujours abréger les délais, le premier par cédule (Pr. 6), le second par ordonnance (Pr. 72, § 2), en motivant cette célérité sur l'urgence et faisant droit à une requête qui leur est présentée par celui qui veut intenter l'action. La requête et la cédule ou ordonnance seront copiées en tête de l'exploit.

Le délai de l'ajournement n'est que d'un jour en matière commerciale (Pr. 416), et encore peut-il être abrégé par le président du tribunal de commerce, usant d'un pouvoir semblable à celui qu'a le président du tribunal civil; seulement il peut aller plus loin que lui, permettre d'assigner du jour au lendemain, ou du matin au soir; mais une justification de solvabilité sera quelquefois exigée du demandeur par le président (Pr. 417). L'abréviation est même de droit en matière maritime, s'il y a des parties non domiciliées, donnant par là des craintes de disparition, ou s'il y a urgence. (Pr. 418.)

9. Intentée contre une personne juridique, l'action a pour défendeurs la personne ou les personnes physiques qui la représentent. Ainsi, l'Etat, lorsqu'il s'agit du domaine et des droits domaniaux, est assigné en la personne du préfet (1) du département où siège le tribunal d'ar-

---

(1) La loi *en la personne ou au domicile* (Pr. 69, 1°). Mais le domicile ici n'est pas le domicile de l'individu qui subsiste malgré l'acceptation d'une fonction publique révocable comme l'est celle de préfet (C. civ. 106). Le domicile dont il s'agit est celui du fonctionnaire (l'hôtel) et surtout les bureaux de la préfecture.

rondissement devant lequel la demande doit être portée; le trésor public, en la personne de son agent judiciaire (1) à Paris; les administrations, par exemple, les postes, les ponts et chaussées, l'enregistrement, en la personne de leur directeur général, au siège de l'administration, à Paris; en la personne de leurs préposés, dans le reste de la France; le Roi, pour ses domaines, en la personne de l'intendant de la liste civile (2), les communes en la per-

(1) La loi dit *en la personne ou au bureau* (Pr. 69, 2°). La locution employée ici l'est encore dans le n° 3 du même article; elle est l'équivalent de celle-ci *à personne ou domicile* que la loi emploie pour le cas où le défendeur est une personne physique (Pr. 68). De même, plus bas, le mot *maison sociale,* exprime le domicile de la société.

(2) Cela est conforme à cette ancienne maxime que *nul en France ne plaide par procureur, hormis le Roi.* Cette maxime signifie que le nom du Roi ne doit jamais figurer dans un exploit d'assignation, et par conséquent dans une instance; qu'il n'est pas possible que des condamnations soient prononcées contre lui personnellement; que tout doit se passer contre son mandataire et l'adversaire; que ce mandataire joue le rôle d'un cessionnaire des droits du Roi. C'est la conséquence de l'inviolabilité royale.

Quant au procureur du Roi, il n'a jamais été que chargé de recevoir l'exploit; ce n'est pas lui qui a jamais été indiqué dans l'exploit comme défendeur. L'article 69, 4°. doit être interprété à l'aide de la législation spéciale. Or, la loi du 8 novembre 1814, art. 14, sur la liste civile déclarait que le ministre de la maison du Roi exerce-

sonne du maire, et, à Paris, en la personne du préfet.

Dans tous les cas, la personne mentionnée dans la copie de l'exploit, comme défenderesse, doit en viser l'original; si elle est absente ou refusante, le visa sera donné soit par le juge de paix, soit par le procureur du Roi; le donneur de visa recevra la copie. (Pr. 69, 1° à 5°.)

Les sociétés commerciales, tant qu'elles existent, sont assignées en la personne de l'un des associés gérants pour les sociétés en nom collectif ou en commandite (C. com. 22, 24, 27, 28), en la personne des mandataires pour les sociétés anonymes (C. com. 31); les unions de créanciers d'un failli, en la personne de l'un des syndics de la faillite. (*Voy.* sur le tout, Pr. 69, 6° et 7°.)

10. 1°. Ceux qui n'ont aucun domicile connu en France sont assignés au lieu de leur rési-

---

rait les actions, et défendrait aux procès qui intéressaient le Roi. La loi relative à la formation de la nouvelle liste civile, la loi du 7 mars 1832, art. 27, a désigné deux procureurs distincts, l'intendant de la dotation de la couronne et l'intendant du domaine privé, suivant qu'il s'agirait de l'une ou de l'autre de ces régies, dont la seconde était de création récente.

dence actuelle ; c'est ce qui arrive pour les comédiens ambulants et pour les marchands forains. (Pr. 69, 8°; C. civ. 102.)

2°. Si le lieu de la résidence actuelle n'est pas connu, l'exploit est affiché à la principale porte de l'auditoire du tribunal où la demande est portée ; une seconde copie est donnée au procureur du Roi, lequel vise l'original. (Pr. 69, 8°.)

3°. et 4°. Les étrangers ou Français qui habitent le territoire français hors du continent, ou qui sont établis à l'étranger, sont assignés au domicile du procureur du Roi près le tribunal où la demande est portée; il vise l'original, et fait parvenir la copie de l'exploit au défendeur, par le ministère de la marine et des colonies, s'il habite la Martinique, la Guadeloupe, Pondichéry ou nos possessions Africaines ; et, s'il est fixé à l'étranger, par le ministère des affaires étrangères. (Pr. 69, 9° ; emprunté à l'ordonnance de 1667, tit. 2. art. 7. relatif aux étrangers fixés dans leur pays, et à un arrêt de 1692 qui en a étendu la disposition aux Français habitant à l'étranger.)

Quand le défendeur demeure hors de la France continentale, il aurait été possible de déterminer le délai de comparution par le calcul des distances, en augmentant le délai ordinaire de huitaine, d'un jour pour trois myriamètres (environ six lieues) de distance entre le domicile du défendeur et le tribunal devant lequel il est appelé (Pr. 1033). Mais, afin d'épargner ce calcul, la loi a déterminé elle-même les différents délais de comparution, suivant l'éloignement plus ou moins grand du défendeur. (Pr. 73.)

TITRE III.

CONSTITUTION D'AVOUÉS, ET DÉFENSES.

11. *Devant un tribunal d'arrondissement, quand le demandeur a lancé son assignation contre le défendeur, que doit faire celui-ci? — Qu'à de particulier la constitution d'avoué dans le cas d'assignation à bref délai?*

12. *Quels sont les divers modes d'instruction judiciaire, et à quelle espèce de cause se réfère chacun d'eux? — Dans l'instruction ordinaire, quel est des deux avoués, de celui du demandeur, et de celui du défendeur, celui qui signifie le premier des écritures? — Combien de temps le Code laisse-t-il à* *l'avoué du défendeur pour signifier ses défenses, et à l'avoué du demandeur pour signifier sa réplique ?*

11. Comme le demandeur a constitué avoué dans l'exploit d'ajournement, le défendeur, de son côté, choisit aussitôt un avoué et fait notifier la constitution de l'avoué qui occupera pour lui; c'est le mandataire lui-même qui s'accrédite auprès de son confrère en lui déclarant sa mission par acte signifié d'avoué à avoué, dans le délai indiqué pour comparaître, dans la huitaine. (Pr. 61, 4°; 75; 72.)

Si l'assignation a été donnée à bref délai (Pr. 72, § 2), l'avoué du défendeur peut ne déclarer la constitution qu'à l'audience. Mais, en ce cas, il est donné à l'avoué acte de sa constitution, et cela par jugement; et si le jour même, l'avoué ne notifie pas sa constitution dans la forme ordinaire, il s'expose à des frais. Il supporterait en effet ceux de levée (copie) de jugement, qu'aurait occasionnés le demandeur intéressé à se procurer une preuve de la constitution, qui se serait fait en conséquence délivrer au greffe une expédition du jugement même par lequel acte a été donné à l'avoué de sa constitution. (Pr. 76.)

12. Si l'affaire est sommaire, comme étant d'un intérêt modique ou d'une assez grande simplicité (Pr. 404), la cause s'instruit à l'audience par les plaidoiries des avocats; il ne se passe rien entre la constitution d'avoué et les plaidoiries. Si, au contraire, l'affaire est fort compliquée, ou plutôt non susceptible d'être éclaircie par une discussion orale, s'il s'agit, par exemple, d'une généalogie en matière de succession, de chiffres à établir dans une reddition de compte, il y aura une instruction par écrit (Pr. 95-115); ce mode est, au reste, fort rarement employé. Mais ce qui sera le plus fréquent, ce sera l'emploi du mode d'instruction qui est appliqué aux affaires ordinaires. Là, sont réunies, échelonnées, des écritures préparatoires et une discussion d'audience.

C'est le défendeur qui le premier fait des écritures. Son avoué développe ses défenses dans une *requête*, dont copie est signifiée, par huissier audiencier, à l'avoué du demandeur (l'original ou requête grossoyée reste entre les mains de l'avoué du défendeur) (Pr. 77); par là, il répond aux moyens exposés dans l'assignation (Pr. 61, 3°). La requête se termine par des conclusions opposées à celles du demandeur.

Ces défenses doivent, aux termes de la loi, être

signifiées dans le délai de quinzaine du jour de la constitution de l'avoué qui occupe pour le défendeur (Pr. 77); mais, en fait, elles peuvent l'être tant que l'avoué du demandeur n'a pas poursuivi l'audience par un simple acte d'avoué à avoué, c'est-à-dire donné *avenir*, fait sommation de venir plaider à l'avoué du défendeur (Pr. 79). Dans la huitaine de la signification des défenses, ou plutôt tant qu'il n'a pas été mis en demeure de venir à l'audience, l'avoué du demandeur peut faire signifier une réplique, par laquelle, aux fins de laquelle, son client redevient demandeur. (Pr. 78, 80.)

N. B. La réplique comme les défenses peuvent être rédigées sous forme de requête, c'est-à-dire de narration des faits et de discussion des points de droit dans le style vulgaire. Mais elles peuvent aussi être présentées sous forme de *conclusions motivées*, où les motifs sont déduits dans des phrases qui commencent toutes par *attendu que*.

13. *Une fois que l'assignation est lancée, les avoués constitués, les écritures respectives signifiées, que fait-on pour que la cause soit appelée?*

13. Le décret du 30 mars 1808, répond à cet égard, du moins en partie ; dans la section 3, *de la distribution des affaires*, on lit l'art. 55 qui est ainsi conçu : « Il sera tenu au greffe un « registre ou *rôle général* coté et paraphé par « le président, sur lequel seront inscrites toutes « les causes, dans l'ordre de leur présentation.— « Chaque inscription contiendra les noms des « parties, ceux des avoués. Les avoués seront « tenus de faire cette inscription la veille au « plus tard du jour où l'on se présentera. » Mais cette inscription même n'est faite que sur le dépôt d'un *placet*, c'est-à-dire d'une copie de l'assignation ou des conclusions, ici toutefois en abrégeant les *attendu*, suivant que l'inscription sera requise par le demandeur ou par le défendeur. « Au jour où l'on se présentera (le lendemain du jour de la mise au rôle), l'huissier « audiencier fera successivement, à l'ouverture « de l'audience tenue par le président, l'appel « des causes dans l'ordre de leur placement au « rôle général (art. 59 du décret) » ; cet appel consiste à lire les noms des parties et des avoués écrits en tête des placets. Dans les tribunaux qui comptent plusieurs chambres, comme à Paris où il y a six chambres civiles, les affaires seront distribuées par le président entre les chambres, sur le rôle général, de la manière qu'il trouvera la plus convenable pour l'ordre du service et l'accélération des affaires (art. 61); et là, elles seront appelées de nouveau, comme à la première chambre.

TITRE IV.

DE LA COMMUNICATION AU MINISTÈRE PUBLIC.

14. *Quelles sont les causes qui sont communiquées au ministère public, et dans lesquelles il doit donner ses conclusions, comme* partie jointe, *quand les plaidoiries sont terminées? (Il donne ses conclusions comme* partie principale, *comme demandeur, en matière criminelle toujours, et quelquefois en matière civile.* — C. civ. 114, 190, 200.)

14. Les causes que le Code énumère comme devant être communiquées au ministère public peuvent se ranger sous la division suivante : 1° les causes qui intéressent directement l'ordre public, ainsi : celles qui concernent l'état des personnes, leurs qualités de père, de fils, d'époux (Pr. 83, 2°), les tutelles (Pr. 83, 2°), les séparations de corps (Pr. 879), les déclinatoires sur incompétence à raison de la matière (Pr. 83, 3°; 170), les réglements de juges, les récusations et renvois pour parenté et alliance, les prises à partie (Pr. 83, 4° et 5°), les causes des femmes même autorisées par leurs maris, lorsqu'il s'agit de leur dot et qu'elles sont mariées sous le *régime dotal* (Pr. 83, 6°; C. civ. 1554).

2°. Les causes qui intéressent des faibles qui demandent protection, ainsi : l'Etat, le domaine, les communes, les établissements publics, les pauvres (Pr. 83, 1°), les femmes non autorisées par leurs maris, les mineurs, et généralement les personnes défendues par un curateur. (Pr. 83, 6°, exemples : C. civ. 25, § 6; 393, 812; C. P. 29), les personnes présentées absentes. (Pr. 83, 7°. C. civ. 112, 113.)

TITRE VII.

DES JUGEMEMTS.

15. *Qu'est-ce qu'un jugement en général? — Qu'entend-on plus spécialement par jugement?*

16. *Devant un tribunal d'arrondissement, la minute et l'expédition d'un jugement se composent-ils des mêmes éléments ?— En quoi la grosse d'un jugement diffère-t-elle des autres expéditions?*

17. *Comment la minute d'un jugement reçoit-elle les nouveaux éléments nécessaires à l'expédition* (1)*?*

18. *Pourquoi faut-il signifier la grosse d'un jugement, fût-il d'ailleurs connu de la personne à qui on fait cette signification? — A quelles fins signifie-t-on une grosse de jugement? — A qui cette grosse doit-elle être signifiée, suivant le but qu'on se propose?*

19. *Dans quels cas est-il impossible aux tribunaux de suspendre l'exécution de leurs jugements en accordant par ces jugements même un délai de grâce au débiteur condamné, con-*

---

(1) Devant les justices de paix, la forme de rédaction des jugements est entièrement libre, du moins légalement (Pr. 18); ils perdraient leur caractère aux yeux du bon sens, s'ils ne contenaient pas un dispositif, des motifs, le nom du juge et ceux des parties.

formément aux art. 1244 *du Code civil et* 122 *du Code de procédure? — N'y a-t-il point, à l'inverse, un cas où les tribunaux peuvent suspendre l'exécution d'un titre exécutoire, sans que ce titre émane d'eux?*

20. *Dans quels cas les tribunaux civils doivent-ils ou peuvent-ils aggraver l'exécution de leurs jugements en prononçant la contrainte par corps à la demande du créancier?* (C. civ. 2067.)

21. *Qu'est-ce que les dépens? — Qu'est-ce qui les paie? — N'y a-t-il pas des exceptions à la règle qui met les dépens à la charge de la partie qui a perdu? — Qu'est-ce qu'une distraction de dépens? — Qu'est-ce qu'une taxe de dépens? — Qu'est-ce qu'un exécutoire?*

22. *L'exécution provisoire d'un jugement rendu en premier ressort, est-elle ordonnée en principe, sur la demande de la partie gagnante, ou bien est-ce par exception? — Quand est-il seulement loisible au juge d'ordonner l'exécution provisoire? — Quand cette exécution*

doit-elle nécessairement être ordonnée? — A quoi se rapportent les cautions dont parle la loi?

15. Un jugement consiste dans l'appréciation des faits de la cause, dans l'application de la loi, sainement interprétée, aux faits reconnus constants, et dans la déclaration des droits qui en résultent pour l'une ou l'autre des parties; il a pour base, pour motifs, les moyens de fait et de droit qui ont paru les plus solides au tribunal, et il présente, en conséquence de cette option, un dispositif qui condamne le défendeur ou déboute le demandeur.

Mais il faut observer que, dans la pratique, on n'entend par *jugements* que les décisions émanées des juges de paix ou des tribunaux d'arrondissement; les Cours royales et la Cour de cassation rendent des arrêts. (Sénat. cons. 28 floréal an XII, art. 134.)

16. Au moment même où un jugement est prononcé à l'audience, le greffier en écrit le *dispositif* sur la feuille d'audience, sur le plumitif (D. 30 mars 1808, art. 36 et 73), il y ajoute les motifs en les reproduisant de son mieux (1);

(1) La loi du 20 avril 1810 porte, art. 7 : « Les arrêts « qui ne contiennent pas les motifs sont déclarés nuls. »

il indique enfin les noms des juges qui ont pris part à la décision et assisté au prononcé, ainsi que celui du procureur du Roi (Pr. 138); le président et le greffier y apposent leurs signatures dans les vingt-quatre heures qui suivent la fin de l'audience où le jugement est prononcé (D. 30 mars 1808, art. 36 à 38). Voilà ce qui constitue la *minute* du jugement.

Mais dans *l'expédition*, ces premiers éléments ne suffisent plus; il s'y joint la mention des conclusions du ministère public s'il a été entendu; les noms des avoués qui ont représenté les parties; les noms, professions et demeures des parties; leurs conclusions, l'exposition sommaire des points de fait et de droit. (Pr. 141, tiré de la loi de 1790, tit. 5, art. 15.)

Enfin, il faut observer que la *grosse* d'un jugement, expédition délivrée en forme exécutoire, ne l'est qu'en double original, un pour chacune des parties intéressées, le gagnant et le perdant, ne l'est jamais à d'autres qu'à elles, et ne l'est point à elles-mêmes plus d'une fois sans l'intervention de la justice (Pr. 854, 844), par le greffier, officier public qui a qualité à cet égard; les simples expéditions au contraire doivent être délivrées à tout requérant. (Pr. 853.)

Pour qu'une expédition de jugement ait la

forme exécutoire, il faut qu'elle soit intitulée au nom du roi et se termine par le *mandons et ordonnons* qui enjoint aux agents du pouvoir exécutif de pratiquer toutes saisies sur les biens, et même, s'il y a lieu, la contrainte par corps contre la partie condamnée (Pr. 148; 545). C'est le mode de promulgation des actes du pouvoir judiciaire (1).

17. La minute se complète à l'aide de *qualités;* on appelle ainsi, dans la pratique et en parlant comme la loi (Pr. 142), la désignation des parties, la copie des conclusions qu'elles ont prises dans l'instance, et l'exposé des points de fait et de droit.

Ces qualités sont rédigées par l'avoué de la partie qui a gagné, et signifiées par lui à l'avoué de la partie qui a perdu (D. 16 février 1807, art. 7). Cette signification ne porte que

---

(1) La formule exécutoire des jugements en France a été prescrite successivement par l'acte des constitutions de l'Empire du 28 floréal an 12 (art. 141) et par la Charte de 1814, art. 57; elle l'est aujourd'hui par un article entièrement conforme à ce dernier; c'est l'art. 48 de la Charte de 1830, ainsi conçu: « Toute justice émane du « Roi; elle s'administre en son nom par des juges qu'il « nomme et qu'il institue. » (Pr. 146; 545.)

sur une copie; l'original des qualités reste pendant vingt-quatre heures entre les mains des huissiers audienciers, c'est-à-dire à leur chambre (Pr. 143); c'est sur cet original que l'avoué, qui croit avoir lieu d'y relever des assertions inexactes, fait écrire dans les vingt-quatre heures qu'il s'oppose aux qualités (Pr. 144). Les avoués sont réglés sur cette opposition par le juge qui présidait quand le jugement a été rendu; il décide si les qualités doivent être maintenues ou rectifiées (Pr. 145). Après vingt-quatre heures écoulées sans opposition, les qualités sont inattaquables (1).

Quand une fois les qualités sont arrêtées, le greffier les annexe en original à la feuille d'audience sur laquelle est portée la minute : la copie de la minute et des qualités constitue l'expédition du jugement.

18. On signifie la grosse parce qu'il n'y a pas d'autre moyen que la connaissance d'un jugement arrive d'une manière sûre et complète à la per-

(1) Ce système de qualités n'est applicable qu'au cas de jugement contradictoire (Pr. 142). Pour les jugements par défaut, il n'y a pas de signification de qualités à faire; l'avoué de la partie qui a gagné remet directement ses qualités au greffier. (Tarif des dépens, art. 88.)

sonne contre laquelle il a été rendu. La connaissance qu'elle peut en acquérir par une autre voie est regardée avec raison comme purement fortuite; elle est d'ailleurs toujours incomplète puisqu'elle ne résulte que de ouï-dires ou d'une lecture rapide entendue à l'audience. *Paria sunt non esse et non significari.* (*Voy.* pourtant, comme exception, Pr. art. 123 : *le délai courra du jour du jugement.*)

La signification d'une grosse de jugement a un double but : 1° de préparer l'exécution du jugement (Pr. 147); 2° de faire courir les délais dans lesquels peuvent s'exercer les voies de recours ouvertes contre ce jugement, de mettre la partie qui a perdu en demeure de les prendre.

Pour être exécuté, tout jugement doit préalablement être signifié à l'avoué de la partie qui a perdu si elle en avait un, à peine de nullité de tous les actes d'exécution (1). Dans le même but, les jugements provisoires ou définitifs doivent être signifiés tant à la partie qu'à l'avoué adverse, quand ils prononcent des condamnations; mais, en ce cas, c'est encore l'avoué qui

(1) Toutefois les jugements qui ordonnent un délibéré ne doivent point être signifiés (Pr. 94); il en est de même de ceux qui ordonnent une remise de la cause. (Tarif des dépens, art. 83)

doit le premier recevoir la signification; et, en effet, la signification à partie doit mentionner l'accomplissement de ce préalable (Pr. 147). La personne à qui le plaideur malheureux demandera probablement conseil pour savoir s'il doit subir l'exécution de la sentence ou en poursuivre le redressement, doit être la première informée des termes dans lesquels elle a été rendue. Et, par la même raison, il faut faire connaître à la partie l'impossibilité de consulter ce conseil, quand elle existe. (Pr. 148.)

Pour faire courir les délais des voies de recours, la signification à partie est seule nécessaire. (Pr. 16; 443.)

19. Quelquefois tout délai de grâce est impossible; le Code de procédure le dit (art. 124). C'est 1° quand les biens du débiteur sont vendus à la requête d'autres créanciers, ou quand il est en état de faillite, ou encore quand la vente des biens est probable, le débiteur étant déjà en prison pour dettes; alors, en effet, le créancier qui serait forcé d'attendre ne prendrait pas part aux distributions de deniers, tandis qu'elles doivent s'opérer entre *tous* les créanciers (C. civ. 2092); 2° quand le débiteur est contumace, c'est-à-dire défaillant au grand criminel, devant une cour d'assises, où il est traduit à raison d'un délit qui doit, s'il est reconnu constant, lui faire appliquer une peine afflictive ou infamante, à raison d'un *crime* (C. P. 1 ; C. instr. crim. 465); alors, en effet, un délai n'a plus d'intérêt pour le débiteur puisqu'il est dessaisi de ses biens (C. instr. crim. 471) qui sont sequestrés, et régis par l'Administration des domaines; 3° quand le débiteur a, par son fait, diminué les sûretés qu'il avait données par le contrat à son créancier; en abattant, par exemple, un bois de haute futaie qu'il lui avait hypothéqué. (Pr. 124. Comparez C. civ. 1188.)

Il faut y ajouter le cas de terme fixé pour la restitution, dans un prêt de consommation (C. civ. 1900), et, dans une vente, le cas où le vendeur a fait une sommation à l'acquéreur après l'expiration du terme dont l'échéance sans paiement avait été prévue comme devant produire la résolution de la vente. (C. civ. 1656.)

Le tribunal peut suspendre des poursuites de saisie immobilière faites en vertu d'un titre exécutoire quelconque, quand le débiteur est dans cette position qu'une année du revenu net et libre de ses immeubles saisi suffise pour désintéresser le créancier, et consent à lui en faire délégation. (C. civ. 2212.)

20. Les juges *doivent* prononcer la contrainte par corps dans les cas prévus par la loi (Pr. 126; C. civ. 2063); c'est-à-dire, en premier lieu, pour le stellionat (C. civ. 2059); pour dépôt nécessaire; en cas de réintégrande, pour délaissement d'un immeuble ordonné par justice contre un spoliateur, ainsi que pour les fruits induement perçus et les dommages-intérêts; pour répétition de deniers consignés, pour représentation d'objets ou titres déposés, et enfin contre les cautions judiciaires. (C. civ. 2060.)

Il y a aussi contrainte par corps voulue par la loi contre l'avoué qui n'aurait pas rétabli à l'expiration du délai fixé des pièces qu'il a reçues en communication (Pr. 191), contre des témoins qui seraient défaillants dans une enquête après avoir été réassignés (Pr. 264), contre le saisi qui dégraderait son immeuble frappé de saisie immobilière (Pr. 690). De même, le surenchérisseur, c'est-à-dire la personne qui a provoqué la revente d'un immeuble déjà adjugé aux enchères, en offrant un prix supérieur du quart au prix d'adjudication; sera condamné par corps à payer cette différence, s'il arrive que son inexécution des clauses de l'adjudication faite à son profit amène une troisième vente dite *folle enchère* (Pr. 712, 737). La contrainte par corps doit encore être prononcée contre le dépositaire d'un acte public, condamné, sur son refus, à en délivrer copie aux parties intéressées (Pr. 839). A cette liste, la loi du 17 avril 1832 ajoute (art. 8 à 11), les comptables reliquataires de deniers publics, les fournisseurs de l'Etat, les débiteurs à qui l'octroi ou la douane ont fait crédit.

Les juges doivent encore prononcer la contrainte par corps stipulée entre les parties pour le cas de non paiement; mais il faut observer que cette stipulation n'est licite que dans des cas spéciaux (C. civ. 2063), savoir : dans les hypothèses que nous avons déjà indiquées d'après l'article 2060 du code civil, comme donnant lieu à la contrainte par corps *légale*, et au profit des propriétaires de biens ruraux pour le paiement des fermages. (C. civ. 2062.)

Au contraire, la loi ne fait qu'autoriser les juges à prononcer la contrainte par corps, et par conséquent leur permet de la refuser 1° contre une personne condamnée à désemparer un fonds par un premier jugement rendu au pétitoire et passé en force de chose jugée (C. civ. 2061); 2° contre le fermier preneur de cheptel, pour la représentation de celui qui lui a été confié (C. civ. 2062.—*Voy*. aussi 1821); 3° contre la personne qui a succombé dans une procédure en vérification d'écriture suivie par son adversaire pour établir qu'elle était, malgré sa dénégation, auteur et signataire d'un acte sous-seing privé allégué contre elle (Pr. 213. — *Voy.* aussi 195); 4° contre le comptable qui n'aura point présenté son compte dans le delai fixé par le juge commissaire (Pr. 534, § 2); 5° pour reliquats de comptes de tutelle, curatelle, ou de toute administration confiée par justice (exemple, la curatelle d'une succession vacante, C. civ. 812), et pour toutes restitutions à faire par suite desdits comptes (Pr. 126, 2°); 6° pour dommages et intérêts (Pr. 126, 1°; C. civ. 1146 et suivants; 1382 - 1386.)

Ajoutons que la contrainte par corps ne peut jamais, en matière civile, être prononcée pour une somme inférieure à 300 fr. (C. civ. 2065.) (1)

---

(1) Il n'en est ainsi ni en matière criminelle, ni en matière commerciale. Ici, à la différence du civil, la contrainte par corps n'est plus d'exception, elle est de droit; aussi la limite est-elle moins étroite : l'interdiction de prononcer la contrainte n'existe que pour une somme inférieure à 200 francs (L. 7 avril 1832, art. 1). Là, l'exécution des condamnations aux dommages-intérêts ou indemnités, et même à l'amende, aux restitutions et aux frais, peut être poursuivie par la voie de la contrainte par corps, et sans aucune limitation de somme. (C. P. 52; 467; 469).

21. Les dépens sont les frais d'actes judiciaires faits dans une instance par une partie. Le plus souvent, ils sont faits non par elle, mais par son mandataire judiciaire, son avoué, à sa requête ; en ce cas, ils figurent dans l'état de ce qu'elle lui doit, quand le procès est fini.

Tous les frais d'une instance sont à la charge de la partie qui a succombé ; outre ceux qui ont été faits par elle ou à sa requête, elle doit rembourser ceux dans lesquels elle a mis son adversaire par une demande ou une défense jugée téméraire (Pr. 130 ; application du C. civ. 1382) ; aussi y sera-t-elle condamnée, si l'autre partie le requiert.

Du reste, plusieurs demandeurs ou défendeurs ne supportent les dépens que conjointement, chacun pour sa part personnelle et virile ; ils n'en sont jamais tenus solidairement ; le contraire a lieu en matière criminelle. (C. P. 55.)

Mais cette règle qui met les dépens à la charge de celui qui a perdu, souffre exception quand la compensation des dépens a lieu. Or, elle est possible dans le cas de parenté ou alliance jusqu'au deuxième degré, et de mariage ; elle l'est encore si les parties succombent respectivement sur quelques chefs. Quand le tribunal veut user de cette faculté, il peut statuer à l'égard des dépens en disant : *dépens compensés ;* il peut aussi ne les compenser qu'en partie et ne faire que réduire la répétition de dépens pour la partie gagnante à une certaine quotité. Remarquons, du reste, que la non-répétition de dépens de la part d'un parent contre son parent, d'un mari contre sa femme, malgré le gain du procès, n'a de la compensation que le nom. Là, en effet, il n'y a qu'un créancier, la partie gagnante ; qu'un débiteur, la partie perdante; il n'y a donc point deux personnes respectivement débitrices et créancières (C. civ. 1289). D'un autre côté, la compensation admise pour le cas de succès judiciaires balancés n'est pas non plus la compensation du droit civil ; elle ne s'opère, en effet, comme celle-là, ni de plein droit, ni entre deux dettes liquides, ni jusqu'à concurrence de la plus faible des dettes (C. civ. 1289). Elle est judiciaire; elle a lieu entre deux dettes de frais non liquidés, et, si elle est partielle, le juge la règle indépendamment du montant probable des dettes, à une quotité qu'il détermine. (Pr. 131.)

Au moment où les dépens de l'instance sont adjugés à la partie gagnante, l'avoué qu'elle a chargé peut, s'il en a fait l'avance, en demander la distraction à son profit (Pr. 133) (1). S'il l'obtient, il n'est plus seulement créancier du client, son mandant; il devient créancier de la partie perdante; il est subrogé contre elle dans les droits de son client, de son débiteur, par suite du transport judiciaire de la créance des dépens. Mais l'avoué n'en conserve pas moins son action contre sa partie pour le cas où il ne serait pas payé par le débiteur qu'elle lui a délégué. (Pr. 133; C. civ. 1275.)

La taxe est une fixation des dépens par le tribunal; elle a lieu soit à la poursuite de la partie qui a gagné, ou à la poursuite de son avoué s'il a obtenu distraction des dépens (Pr. 133), contre celle qui a perdu, et cela par dépôt au greffe de son mémoire de frais qui est susceptible d'ailleurs d'opposition de la part de l'autre partie (Pr.

(1) Le plus souvent, la distraction est demandée par l'avoué du demandeur dans l'assignation, et par l'avoué du défendeur, dans la requête de défense; elle termine chacun de ces deux actes, venant après la partie des conclusions qui tend à condamnation de l'adversaire aux dépens; *dont distraction*, ajoute-t-on, *au profit de M*e (le nom de l'avoué) *qui la requiert, comme les ayant avancés de ses deniers, aux offres de droit*. Ces offres consistent dans la proposition que fait l'avoué d'affirmer à l'audience, lors de la prononciation du jugement, qu'il a fait la plus grande partie des avances. (Pr. 133.)

543, 544; D. 16 février 1807. art. 1 à 8), soit sur contestation élevée, relativement aux frais, entre une partie et son avoué. (D. 16 février 1807, art. 9; Pr. 49, § 5; 60.)

Un exécutoire de dépens est une ordonnance en forme exécutoire condamnant à payer des dépens délivrée soit à la partie gagnante ou à son avoué contre l'adversaire (D. 16 février 1807, art. 5), soit à un avoué contre son client.

22. « L'appel des jugements (une fois interjeté) sera suspensif. » (Pr. 457). Telle est la règle générale. Mais la loi ajoute : « Si le jugement ne prononce pas l'exécution provisoire dans les cas où elle est autorisée. » (Pr. 457.) (1).

La loi *autorise* proprement l'exécution provisoire, permet aux juges de la prononcer avec ou sans caution d'indemniser la partie exécutée si elle triomphe en appel, lorsqu'il s'agit 1° d'apposition et levée de scellés, ou confection d'in-

(1) Ces trois cas obligent également le juge de paix à prononcer l'exécution provisoire (L. 25 mai 1838, art. 11); partout ailleurs, cette prononciation est facultative, et quand elle a eu lieu, elle doit être faite avec caution, hor mis le cas d'une somme qui n'excède pas 300 francs, ou de pension alimentaire.

ventaire, si toutefois ces questions n'ont pas été portées en référé devant le président du tribunal (Pr. 921, 928, 944), auquel cas l'ordonnance de référé intervenue est exécutoire par provision, de plein droit, sans que le juge en ait fait mention (Pr. 809); 2° de réparations urgentes, soit réclamées par un locataire (C. civ. 1720), soit empêchées par son refus de les souffrir (C. civ. 1724). Ici encore la voie du référé est ouverte, soit pour le locataire, soit pour le bailleur (Pr. 806); 3° d'expulsion des lieux, lorsqu'il n'y a pas de bail écrit ou que le bail écrit est expiré (C. civ. 1736, 1737); 4° de sequestres et de gardiens d'objets saisis sur un débiteur (C. civ. 1955; Pr. 596, 597, 628); 5° de nomination de tuteurs, curateurs et autres administrateurs et de reddition de compte (Pr. 889; 530, 540); 6° de pensions ou provisions alimentaires. (C. civ. 205, 206; 268, 307). — *Voy.* sur le tout, l'art. 135 du Code de procédure, partie finale.

La loi prescrit l'exécution provisoire, ordonne aux juges de la prononcer, sans caution, s'il y a en faveur du créancier gagnant, titre authentique (C. civ. 1319), promesse écrite et reconnue (C. civ. 1322), ou condamnation précédente par jugement dont il n'y ait point d'appel.

— *Voy*. sur le tout, l'art. 135 du Code de procédure, au commencement. Dans ces cas, en effet, s'applique la maxime que : *provision est due au titre*. D'ailleurs il y a présomption de légitimité en faveur de demandes si bien appuyées.

TITRE VIII.

DES JUGEMENTS PAR DÉFAUT, ET OPPOSITION.

23. ***Dans quels cas est-il donné*** défaut *contre un défendeur dans une instance? — Mais le tribunal se borne-t-il à donner défaut? — Quelles sont les prescriptions relatives au défaut pris contre plusieurs défendeurs cités ou non au même délai? — Qu'arrive-t-il lorsque, sur deux ou plusieurs défendeurs, les uns sont défaillants, les autres ne le sont pas?*

24. *Quelle est la voie de recours spéciale ouverte contre un jugement par défaut? — Quel est le délai dans lequel on peut en user? — Un jugement par défaut est-il susceptible d'exécution dès qu'il a été signifié?*

25. *Quelles sont les deux règles spéciales aux jugements par défaut contre partie, faute de constituer avoué?*

26. *Comment doit être formée une opposition 1° quand le jugement par défaut a été rendu contre une partie ayant un avoué; 2° quand il a été rendu contre une partie n'ayant pas d'avoué?— Quelle est la sanction de la forme exigée pour l'opposition?*

27. *Un jugement par défaut qui déboute d'une opposition formée à un premier jugement par défaut, est-il encore susceptible d'opposition de la part de la personne deux fois défaillante?*

25. Il est donné défaut dans deux cas:

1°. Si une partie n'a pas constitué avoué, en d'autres termes, si elle n'a pas *comparu*, lors du premier appel de la cause, le lendemain de la mise au rôle (Pr. 149; D. 30 mars 1808, art. 59, § 2) (1).

(1) Il faut remarquer que ce défaut est impossible de la part du demandeur, puisqu'il doit avoir constitue

2°. Si l'avoué constitué ne s'est pas présenté, n'a pas pris de conclusions oralement, a négligé de mettre l'affaire en état (Pr. 343) au jour indiqué pour l'audience par un avenir. (Pr. 149.)

En justice de paix, comme il n'y a pas d'avoués, le seul défaut est celui de comparaître en personne ou par un fondé de pouvoirs. (Pr. 19; 9).

Le tribunal ne se borne pas à donner défaut, à constater dans son jugement le fait d'absence, de constitution ou de comparution d'avoué. Le défaut une fois prononcé, il adjuge en outre les conclusions de la partie qui le requiert, le profit du défaut; il condamne le défendeur ou il déboute le demandeur, suivant que c'est le défendeur ou le demandeur qui fait défaut (Pr. 150). Il ne faut pas en effet prendre à la lettre les expressions de cet article qui paraissent subordonner l'obstention d'un jugement de défaut par une partie à la justesse et à la vérité démontrées de ses conclusions. Rarement il arrive qu'un défendeur défaillant soit renvoyé de la demande; et un deman-

---

avoué dans son assignation, à peine de nullité (Pr. 61, § 1). Aussi l'art. 154, qui s'occupe du defaut contre demandeur, s'attache-t-il uniquement à l'hypothèse d'un défaut requis faute de conclure, pris après que l'audience a été suivie par un seul acte, par un avenir signifié à l'avoué qu'a constitué le demandeur. (Pr. 80.)

deur défaillant ne saurait avoir gain de cause: c'est lui qui donne congé au défendeur par sa négligence. (Pr. 434, § 1.)

Toutes les parties appelées au même délai et défaillantes seront comprises dans le même défaut; lorsque plusieurs parties auront été citées pour le même objet à différents délais à raison des distances différentes qui les séparent du tribunal compétent (Pr. 1033), il ne sera pris défaut contre aucune d'elles qu'après l'échéance du plus long délai (Pr. 152, 151). La multiplicité des jugements par défaut aurait été trop dispendieuse.

Mais si les parties assignées ne sont pas toutes défaillantes, si l'une d'elles a constitué un avoué qui s'est présenté, les parties défaillantes ne sont point aussitôt jugées par défaut; le profit du défaut n'est point adjugé dès le premier appel de la cause au demandeur; il est joint au jugement qui doit intervenir contradictoirement entre celui-ci et le défendeur non défaillant : il ne sera prononcé que par ce jugement. Le premier jugement qui se borne ainsi à constater le fait de non constitution d'avoué de la part du défendeur ou de non comparution de son avoué, est dit *jugement profit joint*. (Pr. 153.)

Si, du reste, la loi surseoit ici à adjuger au demandeur ses conclusions contre le défendeur défaillant, c'est principalement pour éviter une contrariété de décisions que pourraient présenter, malgré l'identité de position des défendeurs, le jugement contradictoire qui interviendrait entre le défaillant et le demandeur, sur opposition formée au jugement par défaut, et le jugement qui aurait été contradictoirement rendu entre lui et le défendeur comparant.

Aussi la loi déclare-t-elle que le jugement par défaut, rendu après jonction, ne sera pas susceptible d'opposition (Pr. 153). Mais le législateur du Code de procédure a pensé que la gravité même de cette disposition, qui attache fictivement à un jugement par défaut le caractère de jugement contradictoire, exigeait qu'il n'intervînt qu'après que la partie défaillante aurait été assignée de nouveau pour le jour où sera rendu le jugement définitif, en même temps qu'elle recevait signification du jugement de jonction, et assignée bien réellement, l'ayant été par un huissier que le tribunal aura commis à cet effet. (Pr. 153.)

24. Nul ne devant perdre son procès sans avoir été entendu (1), le jugement par défaut n'est que

(1) Ce principe commande de regarder comme suscep-

provisoire : la partie au détriment de laquelle a été adjugé le profit, peut demander la rétractation de la sentence aux juges même qui l'ont portée, et cela par la voie de l'opposition.

Cette voie de recours reste ouverte en justice de paix pendant trois jours, sauf prorogation (Pr. 21), à compter du jour de la signification du jugement par défaut (Pr. 20); mais, en première instance, c'est pendant huitaine de la signification à avoué (Pr. 157). Si toutefois le jugement au lieu d'être rendu contre un avoué faute de conclure, est rendu contre une partie qui n'a pas d'avoué, précisément à cause de ce fait, l'opposition sera recevable jusqu'à l'exécution du jugement; il en est de même devant le tribunal de commerce en règle générale (C. com. 643). *Voy.* plus bas sur l'art. 436. Or, un jugement est réputé exécuté, soit quand le perdant est présumé en connaître l'exécution commencée, ses meubles ayant été vendus (Pr. 617), sa personne incarcérée ou recommandée (Pr. 126, 792), la saisie de ses immeubles lui ayant été notifiée (Pr. 681),

---

tibles d'opposition, malgré le silence de la loi, des actes judiciaires qui ne sont pas des jugements, ainsi des permis d'assigner à bref délai délivrés sur l'exposé d'une seule partie. (Pr. 72, § 2.)

les frais ayant été payés par lui ; soit quand il existe un acte duquel il résulte nécessairement que l'exécution du jugement a été connue du défaillant, ainsi, une signature qu'il a apposée sur un procès-verbal de saisie qui le constituait gardien de ses meubles saisis (*V*. sur le tout Pr. 159). Cette connaissance, soit probable, soit positive, d'une exécution partielle, non accompagnée de protestation contre le jugement de la part du défaillant condamné, équivaut à un acquiescement de sa part.

Du reste, une autre règle tout-à-fait spéciale aux jugements par défaut, c'est que l'exécution en est suspendue pendant huit jours après qu'ils ont été signifiés à avoué ou à partie (Pr. 155). Ainsi, la simple éventualité d'une opposition est suspensive d'exécution, et, en comparant la durée de cette suspension au délai de l'opposition, on voit que dans le cas où le défaut a eu lieu contre avoué, l'exécution n'est possible que quand l'opposition n'est plus recevable (Pr. 155 et 157). Quoi qu'il en soit, le tribunal pourra toujours, ou devra, par le jugement de défaut, ordonner, en cas d'urgence, l'exécution immédiate là où le Code permet ou prescrit l'exécution provisoire (Pr. 135) ; il pourra même, s'il y a péril en la demeure, s'il y a, par exemple, lieu de craindre qu'un retard ne serve au débiteur pour détourner ses meubles et soustraire au créancier son gage, ordonner l'exécution, nonobstant l'opposition qui serait formée dans les délais et dans les règles (Pr. 155), et qui par là, suspendrait l'exécution (Pr. 159, 161.)

25. Mais il y a une des deux espèces de défauts qui entraîne des conséquences particulières ; c'est le défaut contre partie. Ici, en effet, le jugement par défaut doit être signifié par un huissiers commis, parce que la non constitution d'avoué par la partie, fait craindre que l'huissier du demandeur ait omis de lui remettre l'exploit d'assignation (Pr. 156). De plus, le jugement doit être exécuté dans les six mois de son obtention ; sinon, il sera réputé non avenu : il sera périmé, prescrit. (Pr. 156, comparez à 397).

26. Dans le cas où le jugement par défaut a été rendu contre une partie ayant un avoué (Pr. 157), l'opposition doit être formée par requête d'avoué à avoué, contenant les moyens d'opposition, à moins que les moyens de défense n'aient déjà été signifiés avant le jugement (Pr. 77) auquel cas il suffit de s'y référer. (Pr. 160, 161.)

Dans le cas, au contraire, où le jugement par

défaut a été rendu contre une partie n'ayant pas d'avoué (Pr. 158), l'opposition pourra être formée, soit par acte extrajudiciaire, c'est-à-dire par exploit notifié à la partie qui a obtenu le jugement ou à son avoué, soit par déclaration sur un acte d'exécution (commandement, procès-verbal de saisie ou d'emprisonnement), à la charge par l'opposant de la réitérer par requête dans la huitaine, avec constitution d'avoué. (Pr. 162 — *Voy.* aussi Pr. 20, § 2.)

L'opposition qui ne serait pas signifiée dans la forme requise n'arrêterait pas l'exécution, et cette exécution serait déclarée valable, si l'opposition était ensuite jugée irrégulière et rejetée par le tribunal. (Pr. 162.)

27. C'est une ancienne maxime que *opposition sur opposition ne vaut.* Ainsi, une partie condamnée une première fois par défaut, faute d'avoir constitué avoué, puis opposante, et enfin, faute de conclusions prises par son avoué, condamnée encore par défaut, ne sera pas recevable à former opposition contre le second jugement. (Pr. 22, 165.)

TITRE IX.

DES EXCEPTIONS.

28. *En quoi une* exception *diffère-t-elle d'une défense? — Comment le Code divise-t-il les* exceptions?

29. *Qu'est-ce que la caution à fournir par les étrangers? — Quelles conditions en dispensent? — Quel en est le motif?*

30. *Qu'est-ce qu'un renvoi? — Combien y a-t-il de sortes d'incompétence, et, par suite, de renvois pour incompétence?—L'un et l'autre peuvent-ils être demandés en tout état de cause, et prononcés d'office par le tribunal? — Quels sont, outre le renvoi pour incompétence, les renvois qu'indique le Code? — A quoi se rattachent les nullités d'exploit ou d'actes de procédure?*

31. *Dans quel ordre successif doivent être proposées les exceptions de caution contre l'étranger, d'incompétence, de litispendance, de connexité, et les nullités?*

32. *Quelles sont les exceptions que le Code appelle dilatoires? —Quelles sont les exceptions de ce genre qu'il mentionne? — Comment se proposent les exceptions en général? — Comment se propose l'exception de garantie?*

33. *Que peut faire le garant en matière de garantie formelle, réelle? — Que peut-il faire en matière de garantie simple?*

34. *Mais la déclaration du garant formel, qu'il prend le fait et cause du garanti, suffit-elle pour mettre celui-ci hors de cause? — Le garanti, même quand il est mis hors de cause, ne peut-il pas ne l'être que sous une réserve? — Le demandeur originaire ne peut-il pas exiger que le garanti reste en cause? — De quel intérêt est-il à l'égard des dépens que le défendeur reste en cause? — Contre qui a lieu, dans tous les cas, l'exécution du jugement rendu contre le garant formel?*

35. *Comment doivent être proposées les exceptions dilatoires?*

36. *Dans quel cas a lieu une communication de pièces ? — De combien de manières et dans quels délais ?*

28. La défense repousse directement l'action ; *l'exception* ne fait que l'écarter pour un temps : toutes les exceptions énumérées par le Code, sont, en définitive, *dilatoires*, hormis les nullités, que j'oserais appeler *péremptoires*, malgré des autorités graves.

Quoi qu'il en soit, le Code distribue les exceptions en cinq paragraphes distincts. Il s'occupe successivement de la caution à fournir par les étrangers, des renvois, des nullités, des exceptions dilatoires et de la communication des pièces.

29. Tout étranger demandeur en matière civile (C. civ. 16 ; C. com. 423) est tenu, si le défendeur le requiert (*Voy.* Tarif, art. 75) avant toute exception, de fournir caution de payer les frais et dommages-intérêts résultant du procès (Pr. 166. C. civ. 2040, 2018, 2019); il n'est dispensé de cette dation de caution que s'il consigne la somme pour laquelle il aurait dû donner caution, ou s'il justifie que ses immeubles situés en France sont suffisants pour répondre des condamnations possibles sur les chefs ci-dessus indiqués (Pr. 167). Sans cette précaution, les régnicoles seraient à la merci des plaideurs étrangers les plus téméraires, puisque ceux-ci, en disparaissant, forceraient leurs adversaires, après le gain du procès, à les poursuivre chez eux, en remboursement des dépens. (Pr. 130.)

30. Le renvoi dont la loi s'occupe en premier lieu, est l'exception d'incompétence (Pr. 168, 173), appelé aussi par elle dans un autre endroit (Pr. 83, 3°) du nom que lui donne la pratique, *déclinatoire pour incompétence* (*Voy*. tarif, art. 75). Observons même qu'une déclaration d'incompétence est tout ce qu'on demande au tribunal, en ce cas; on n'y joint pas, malgré les termes de l'art. 168, une demande de renvoi devant les juges compétents.

Mais il y a deux sortes d'incompétence; l'une est à raison de la matière, l'autre à raison de la personne. L'une tient à l'oubli de la division ou de l'ordre des juridictions de la part du demandeur, l'autre à une erreur dans le choix du tribunal pris parmi des tribunaux d'une espèce qui contenait un tribunal qui eût été parfaitement compétent. Ainsi, les tribunaux judiciaires sont incompétents à raison de la matière, pour les questions administratives, et, parmi eux, les tribunaux de commerce, pour statuer en matière civile; les tribunaux d'arrondissement, pour les questions possessoires ; les Cours royales, pour statuer en premier ressort. Et, d'un autre côté, quoique les tribunaux d'arrondissement soient compétents en général pour statuer en matière judiciaire et civile, et dans le cas même où ils peuvent juger en première instance, il faut encore avoir soin que le tribunal d'arrondissement saisi, en matière personnelle, soit celui du domicile du défendeur, et en matière réelle, celui de la situation de l'objet litigieux (Pr. 59) ; sinon, il y a incompétence à raison de la personne.

L'une de ces incompétences est d'ordre public, l'autre d'intérêt privé seulement. Si donc le tribunal est incompétent à raison de la matière, le renvoi peut être demandé en tout état de cause; et s'il n'était pas demandé, le tribunal serait tenu de renvoyer d'office devant qui de droit, ou, plus proprement, de se dessaisir (Pr. 170; 424, § 1). Au contraire, l'exception d'incompétence, à raison de la personne, doit être proposée préalablement à toutes autres exceptions et défenses dès le début de l'instance, *in limine litis*, comme l'on dit; sinon, on est censé y avoir renoncé, et le tribunal n'est pas forcé d'y suppléer. (Pr. 169; 424, § 2.)

Mais le déclinatoire pour incompétence n'est pas la seule espèce de renvoi ; il y en a deux autres, qui sont la litispendance et la connexité. Le premier naît de la nécessité de prévenir une contrariété flagrante de décisions judiciaires que pourraient produire deux instances suivies sur un même objet, sur une même cause, entre les mêmes parties, agissant en la même qualité (Pr. 171; C. civ. 1351); c'est au tribunal déjà saisi à connaître de l'affaire, fût-il incompétent dans le principe, à raison de la personne, si cette incompétence à été couverte par le silence du défendeur (Pr. 169). Le renvoi pour connexité à une cause déjà pendante, et non plus pour identité entre les deux causes, tient aussi à une vue d'ordre public, celle d'un parfait accord entre les jugements. (Pr. 171.)

Les nullités résultent de l'omission des formalités que la loi prescrit ; par exemple : de celles que prescrit l'art. 61 pour une assignation, de celles que prescrivent pour une enquête les art. 260, 261, 262. Les juges ne peuvent suppléer les nullités (Pr. 1030); mais ils ne peuvent se dispenser de les appliquer sur la demande d'une partie; car aucune de ces nullités n'est comminatoire. (Pr. 1029.)

31. L'allégation d'une nullité d'assignation doit être faite dès le début de l'instance, et ne peut être précédée que par l'exception d'incompétence. (Pr. 173.)

Toutefois, il faut encore faire passer avant cette dernière exception, celle de caution à fournir contre l'étranger (Pr. 166), s'il y a lieu de l'opposer. Nous le pensons du moins, d'après ce besoin même de sûretés préalables pour les frais d'instance qui a motivé cette exception; mais il est permis d'en douter à cause de la préséance que les art. 166 et 169 semblent imposer, chacun de leur côté, comme condition nécessaire, l'un à l'exception de caution, l'autre à celle d'incompétence, et de rejeter la première au troisième rang, après les nullités.

32. Le Code n'appelle dilatoires que les exceptions qui tendent à l'obtention d'un délai, par lesquelles le défendeur conclut à ce que l'examen de la demande soit ajourné; si on considérait, non le but, mais le résultat, toutes les exceptions, hors les nullités, seraient dilatoires, nous l'avons déjà dit, comme opérant un sursis, quand elles sont admises.

Les seules exceptions dilatoires que cite le Code, sont 1° l'exception opposée par un héritier ou une veuve commune en biens, tendant à obtenir les délais de trois mois pour faire inventaire et de quarante jours pour délibérer entre le parti de l'acceptation pure et simple, de la renonciation et du bénéfice d'inventaire, délais que la loi réserve à toute veuve et à tout héritier. (Pr. 174; C. civ. 795-800; 1456-1463, 1483); 2° l'exception de garantie. Observons toutefois que le recours ouvert par la loi à un acheteur contre son vendeur (C. civ. 1626) ne donne lieu à une exception que dans le cas où l'acheteur veut l'exercer dans le cours de l'instance pendante entre lui, défendeur originaire, et un tiers demandeur originaire qui revendique la chose vendue (1). L'exception ici opposée est dilatoire; car le possesseur attaqué demande le temps nécessaire pour mettre en cause son vendeur; il ne peut prendre, aux termes de la loi, que huit jours à partir de la demande originaire, plus, un jour par 3 myriamètres de distance entre son domicile et celui du garant (Pr. 175). Les

(1) A l'inverse, la garantie peut s'exercer principalement, isolément, même avant éviction consommée. Elle ne peut s'exercer que de cette façon après éviction consommée (C. civ. 1640), et en cas d'inobservation du délai de huitaine pour appeler garant. (Pr. 33, 178).

délais seront les mêmes pour la mise en cause d'un sous-garant par le garant. (Pr. 176.)

Les exceptions, en général, se proposent par requête (Tarif, art. 75); mais l'exception de garantie, seule, le défendeur la présente par une simple déclaration, faite par acte d'avoué à avoué, qu'il a formé sa demande en garantie; la réponse, au reste, se fait toujours par requête (Tarif, art. 75). Cette déclaration, toutefois, doit être faite dans le délai de l'assignation originaire, celui de huitaine (Pr. 179, 72); et elle doit être suivie de la justification que la demande en garantie a été formée, de la représentation de l'assignation remise en copie au garant, dès qu'une fois l'original a eu le temps d'être retourné au défendeur originaire, demandeur en garantie. (Pr. 179, 1033 à la fin.)

33. La seule espèce de garantie dont nous ayons parlé jusqu'ici, est celle qu'un acheteur attaqué en délaissement, par un tiers qui se dit propriétaire de l'immeuble ou ayant hypothèque sur lui, ou un créancier éprouvant un refus de paiement de la part du débiteur, ont le droit d'exercer contre leur vendeur ou cédant (C. civ. 1626, 1693). C'est la garantie *réelle* ou *formelle*. Mais il en est une autre, la garantie *simple*; c'est celle qu'une caution actionnée par le créancier exerce contre le débiteur principal à l'obligation duquel elle a accédé.

En cas de garantie formelle, le garant (vendeur) mis en cause, peut toujours prendre le fait et cause du garanti (acheteur), sans que le demandeur ait intérêt et qualité pour s'opposer à cette tentative de substitution de défendeur dans l'instance (Pr. 182). En cas de garantie simple, au contraire, l'intervention forcée du garant (débiteur) ne saurait faire disparaître du procès le garanti (caution), sur l'engagement duquel doit compter le créancier; elle ne peut qu'assurer à la caution un remboursement immédiat de la somme qu'elle sera condamnée à payer, par la condamnation qu'elle obtiendra contre le débiteur par le même jugement (Pr. 183). C'est également à une indemnité contre le vendeur au profit de l'acheteur condamné à délaisser, qu'aboutit l'intervention du premier, quand il ne prend pas le fait et cause du garanti.

34. Quoi qu'il en soit, dans le cas même où le garant prend le fait et cause du garanti, celui-ci n'est mis hors de cause que s'il le requiert avant tout jugement même d'avant dire droit ou préparatoire; il reste en cause, comme défendeur, ainsi que son garant, s'il néglige cette réquisition.

Cependant le garanti, quoique mis hors de cause parce qu'il a voulu profiter de la bonne volonté du garant et qu'il s'en est remis entièrement sur lui du soin de la défense, peut assister dans la cause pour la conservation de ses droits (Pr. 182, § 2). Par là, il se ménage le droit de conclure à une condamnation de dommages-intérêts de la part du garant, pour le cas où sa défense n'empêcherait pas l'éviction, sans avoir besoin de rentrer dans la cause par une intervention qu'il faudrait d'abord faire déclarer admissible. (Pr. 339.)

Et, d'un autre côté, le demandeur originaire (revendiquant ou créancier) peut demander, pour la conservation de ses droits, et par exemple, de son droit à des dommages-intérêts pour fruits perçus de mauvaise foi (Pr. 185, §3; C. civ. 549), que le garanti reste en cause (Pr. 182, § 2). Observons, d'ailleurs, qu'en matière de garantie formelle, le maintien du garanti dans l'instance donne au demandeur droit de faire liquider et exécuter les dépens contre lui, en cas d'insolvabilité du garant condamné. (Pr. 185, § 3.)

Quant à l'exécution du jugement rendu contre le garant formel, en ce qui touche la partie principale de son dispositif, la restitution même de l'immeuble revendiqué, il est clair qu'elle ne peut avoir lieu que contre le garanti, puisque c'est lui qui possède ; et elle aura lieu contre lui après une simple signification du jugement, soit qu'il ait été mis hors de cause purement et simplement, soit qu'il y ait encore assisté à son désir, soit, à plus forte raison, qu'il y ait été maintenu faute de requérir à temps sa mise hors de cause, ou d'après le vœu du demandeur. (Pr. 185, §§ 1 et 2.)

35. Afin que le défendeur ne s'en serve pas pour traîner en longueur et afin qu'il en use avant d'en être déchu par une renonciation tacite, les exceptions ne peuvent être proposées que conjointement et avant toutes défenses au fond (Pr. 186). Toutefois, l'exception tirée des délais pour faire inventaire et délibérer peut précéder les autres exceptions dilatoires (Pr. 187). Ces exceptions sont l'exception de garantie (Pr. 175-185), et, de plus, celles qui ont lieu, lorsqu'on est attaqué par un mineur avant qu'il soit pourvu d'un tuteur ou d'un curateur, ou par une femme avant qu'elle soit autorisée de son mari ; lorsqu'un tiers-détenteur assigné en délaissement de l'immeuble hypothéqué, prétend faire usage du bénéfice de discussion des biens du débiteur principal (C. civ. 2170) ; lorsqu'un avoué a formé une inscription de faux, sans être fondé préalablement d'une procuration spéciale de sa partie. Telles étaient du moins les autres exceptions dilatoires, les principales, qu'on citait sous l'ordonnance de 1667, dont le titre 9 a fourni ses deux premiers articles au Code de procédure ; ce sont nos art. 186 et 187. On peut à cette liste d'exceptions ajouter, d'après le Code civil seul, le bénéfice de discussion opposé par une caution au créancier ; c'est-à-dire le renvoi provisoire à l'examen des biens du débiteur, dont l'insolvabilité est la condition sous laquelle s'est obligée la caution. (C. civ. 2021, 2011 ; Pr. 186 et 2022 comparés.)

36. La signification d'une pièce à une partie, soit en entier, soit par extrait (Pr. 65), ou l'emploi de cette pièce contre elle l'autorise à demander communication de l'original, par acte d'avoué à avoué (Pr. 188). Si elle doit se faire à l'amiable, elle peut toujours être demandée utilement et dure le temps fixé par le récépissé de l'avoué ; faute de délai fixé, elle dure trois jours, de même au reste que dans le cas où il n'y aurait rien à cet égard dans le jugement qui l'aurait ordonnée (Pr. 190). Ce jugement ne peut être refusé si la communication de la pièce est demandée dans les trois jours de l'emploi ou de la signification (Pr. 188). La voie de communication sur récépissé est remplacée par celle de dépôt au greffe, pour les pièces originales que leur propriétaire ne consent point à déplacer. (Pr. 189.

TITRE XII.

DES ENQUÊTES.

37. *Comment sont présentés les faits dont une partie demande à faire preuve par enquête ou audition de témoins? — Dans quel délai doit être faite la réponse? — Sous quelle sanction est prescrit ce délai?*

38. *Quels caractères doivent présenter les faits pour que la preuve testimoniale en puisse être ordonnée?*

39. *Que doit contenir dans son dispositif un jugement qui ordonne une enquête?*

40. *Dans quel délai doivent commencer l'enquête et la contre-enquête, s'il y a lieu; et ce, à peine de déchéance? — D'où part ce délai suivant les cas? — Dans quel délai doivent être parachevées l'enquête et la contre-enquête? — Et pourquoi ce court intervalle laissé entre le jugement qui ordonne l'enquête et son entière exécution?*

41. *Quand est censée commencée une enquête ou une contre-enquête?*

42. *Par où le juge commissaire ouvre-t-il le procès-verbal d'enquête ou de contre-enquête? — De quoi le remplit-il?*

43. *Combien de temps avant l'audition est assigné un témoin? — De quoi lui donne-t-on copie?*

44. *Combien de temps avant l'audition est assignée la partie adverse? — En quel domicile? — Que lui notifie-t-on? — La présence des parties à l'enquête est-elle passive? — Est-elle, au contraire, nécessaire?*

45. *Quelle déclaration doit faire un témoin avant d'être entendu ? — Quel serment ? — Quand le juge commissaire peut-il faire des interpellations au témoin, soit d'office, soit par la réquisition des parties ou de l'une d'elles ?*

46. *Qu'est-ce qu'un reproche ? — Quels témoins peuvent être reprochés ? — La parenté ou alliance n'a-t-elle pas un effet plus étendu qu'un simple reproche ? — Quand doivent être proposés les reproches, à moins d'être justifiés par écrit ? — En quels termes et avec quelle offre ? — Quel effet a leur admission ?*

47. *Quand une enquête est déclarée nulle, distingue-t-on, quant aux suites, entre les causes de nullités, entre la faute du juge-commissaire et celle de l'avoué ou de l'huissier ?*

37. Les faits dont une partie veut faire preuve (1) par témoins sont articulés succinctement,

(1) C'est l'idée qu'exprimait déjà l'ordonnance de 1667,

par un simple acte de conclusions (Pr. 252). Cette forme d'allégation suppose un procès déjà pendant, dans lequel une enquête arrive comme incident; ce qui proscrit les enquêtes à futur pour un procès à naître, déjà abolies par l'ordonnance de 1667 (tit. 24), sur les observations de M. de Lamoignon.

Les faits ainsi articulés doivent être, également par un simple acte, déniés ou reconnus dans les trois jours. (Pr. 252.)

A défaut de cette réponse, ils *pourront* être tenus pour confessés ou avérés (Pr. 252). Ainsi, le juge pourrait encore prendre deux autres partis; il pourrait proroger le délai de trois jours accordé à la partie pour savoir si elle doit dénier les faits et par là donner libre cours à une enquête, ou les avouer, et trancher ainsi la question en faveur de son adversaire; il pourrait encore ordonner la preuve testimoniale comme si les faits avaient été déniés.

38. Pour que la preuve des faits soit ordonnée, ils doivent être 1° déniés; sinon il n'y

---

tit. 20, art. 1, en ces termes : « Les faits dont une partie « demandera à faire preuve, doivent être proposés article « par article, brièvement, sans raisonnements, et sans « question de fait ni de droit. »

aurait plus différend ; 2° admissibles, c'est-à-dire *pertinents*, ayant du rapport avec la contestation, et de plus *concluants*, décisifs, propres à déterminer le juge et à lui dicter sa sentence ; 3° tels que la loi n'en défende pas la preuve. Le plus ordinaire parmi les faits de cette dernière espèce, est celui d'existence d'une obligation dont la valeur excéderait 150 fr. ; car la loi interdit la preuve testimoniale au-dessus de cette somme, comme le faisaient auparavant pour une somme supérieure à 100 livres, l'art. 54 de l'ordonnance de Moulins, rendue en 1566, et le titre 20 de l'ordonnance de 1667 (C. civ. 1341). Et lorsque les faits sont caractérisés de telle sorte que la preuve en puisse être ordonnée sur la demande de l'une des parties, elle peut aussi l'être d'office par le tribunal. (Pr. 254.)

39. Un jugement qui ordonne une enquête, doit contenir 1° les faits à prouver ; 2° la nomination du juge dit *juge commissaire* devant qui l'enquête sera faite. (Pr. 255.)

40. Une enquête doit commencer dans la huitaine du jour de la signification du jugement qui l'a a ordonnée, soit à avoué, soit à personne ou domicile si la partie contre laquelle jugement a été rendu n'avait pas d'avoué, sans que toutefois le jugement cesse d'être *contradictoire*, par exemple comme étant rendu après défaut profit joint (Pr. 153). L'enquête commence du jour de l'expiration des délais de l'opposition, si le jugement en est susceptible comme étant par défaut. (Pr. 257.)

Ce délai court à la fois, et contre celui qui a fait la signification du jugement, en le pressant de faire une contre-enquête, de fournir cette preuve contraire qui est de droit (Pr. 256), et contre celui qui a signifié le jugement, en le pressant de faire son enquête (Pr. 257); celui-ci donc se forclot lui-même contrairement à la règle « nul ne se forclot (ne s'interdit l'instance, *forum claudere*) lui-même. »

Les enquête et contre-enquête doivent être parachevées dans la huitaine de l'audition du premier témoin, à peine de nullité (Pr. 278), mais sauf la prorogation qui peut être accordée par le tribunal, soit dans le jugement qui ordonne l'enquête, soit sur le référé fait à l'audience par le juge commissaire requis à cet effet dans son procès-verbal. (Pr. 278, 279, 280.)

Cette promptitude avec laquelle doivent marcher et finir les enquêtes à la suite du jugement, tient à ce que la loi veut ne pas laisser aux parties le temps de suborner les témoins.

41. Une enquête est censée commencée pour celui qui a obtenu le jugement qui l'ordonnait, ou une contre-enquête pour son adversaire, par l'ordonnance indiquant les jour et heure auxquels les témoins devront être assignés, qu'il a obtenue du juge commissaire. (Pr. 259.)

42. Le juge commissaire ouvre le procès verbal d'enquête ou de contre-enquête par la mention de la réquisition et de la délivrance de son ordonnance.

Il y insère la date des jour et heure, les comparutions ou défauts des parties et témoins, la représentation des assignations données aux uns et aux autres, les remises à autre jour et heure, les reproches et les explications des témoins reprochés, les dépositions, enfin la mention de l'observation des formalités relatives à l'assignation qu'a reçue la partie, les déclarations des témoins, la proposition et la consignation des reproches, la déposition de chaque témoin; il mentionne la lecture qui lui en a été faite, la question qui lui a été adressée pour savoir s'il y persistait, la lecture du supplément de déposition, les interpellations que le juge commissaire a faites au témoin et les réponses de celui-ci, les signatures des témoins, juge et greffier. Toutes ces choses sont à peine de nullité. (Pr. 269-275.)

Nous allons voir plus en détail les formalités dont l'accomplissement doit être mentionné.

43. Les témoins sont assignés un jour avant l'audition, s'ils sont domiciliés dans l'étendue de trois myriamètres du lieu où se fait l'enquête ; s'ils sont domiciliés plus loin, avec augmentation à raison des distances. (Pr. 260, 1039.)

Il est donné copie à chaque témoin du dispositif du jugement, seulement en ce qui concerne les faits admis (Pr. 260, 255), et de l'ordonnance du juge commissaire (Pr. 260, 259) ; et ce, à peine de nullité de la déposition du témoin. (Pr. 260.)

44. La partie adverse est assignée pour être présente à l'enquête, trois jours avant l'audition, au domicile de son avoué si elle en a constitué (Pr. 261), par exception au principe qui veut que tous exploits soient faits à personne ou domicile. (Pr. 68.)

On lui notifie en même temps les noms, professions et demeures des témoins à produire contre elle ; le tout à peine de nullité (Pr. 261). On comprend en effet l'intérêt de ces indications préalables par la faculté de proposer des reproches ouverte à la partie dans le cas où elle aurait appris, dans l'intervalle de la notification à l'audition, qu'il y avait lieu de le faire. (Pr. 283.)

Du reste, la présence des parties a cette importance que chacune d'elles peut faire une interpellation au témoin par l'organe du juge commissaire (Pr. 276, 273); mais l'enquête peut se passer en leur absence (Pr. 262); il suffit de les y appeler.

45. Chaque témoin, avant d'être entendu, déclarera ses noms, profession, âge et demeure, s'il est parent ou allié de l'une des parties, à quel degré, s'il est serviteur ou domestique de l'une d'elles; il fera serment de *dire vérité;* le tout à peine de nullité. (Pr. 262.)

Le témoin dépose de vive voix; le greffier, historien fidèle, consigne sa déposition sur le procès-verbal, et en fait lecture au témoin; le juge lui demande s'il y persiste; s'il veut y changer quelque chose, les changements sont écrits à la suite ou à la marge de la déposition; il lui en est donné lecture ainsi que la déposition. Puis, il est requis de signer; s'il ne peut ou ne veut le faire, mention en est faite. Le juge et le greffier signent la déposition. Le tout à peine de nullité (Pr. 271, 272. 274). Ce n'est qu'ensuite que les interpellations du juge deviennent possibles, seulement pour éclaircir la déposition; faites plus tôt, elles auraient pu l'influencer. Les réponses du témoin lui sont également lues, et il est requis de les signer; elles sont signées du juge et du greffier. (Pr. 273.)

46. Les reproches sont des allégations propres à rendre suspecte la véracité des témoins produits par l'adversaire. L'art. 283 les énumère. Mais il est à remarquer, sur son § 1, relatif à la parenté ou alliance, que celle dont il est question est celle qui existe entre un témoin et la partie qui le produit; un autre article, (Pr. 268) défend d'assigner un parent ou allié quelconque d'une des parties en ligne directe, ou leurs conjoints, comme devant, par de tels rapports, s'ils ne sont animés d'une affection trop favorable à leurs parents, être, à l'inverse, animés contre lui d'une haine utile à son adversaire.

Les reproches doivent être proposés avant la déposition du témoin; sinon, il serait à craindre que la nature de sa déposition n'eût seule déterminé à le reprocher. Mais cette crainte disparaît quand le reproche est justifié par écrit, alors il peut être proposé même après la déposition (Pr. 270, 282). Le reproche proposé avant la déposition, par conséquent non encore justifié, doit cependant être circonstancié, pertinent; s'il était conçu en termes vagues et généraux, il paraîtrait n'avoir pour motif que l'appréhension d'un témoignage défavorable (Pr. 270). Du reste, la partie qui l'a proposé est tenue d'en offrir la preuve et de désigner les témoins par acte d'avoué (Pr. 289), quand une fois l'audience est poursuivie après l'expiration du délai pour faire enquête. (Pr. 286.)

La conséquence de l'admission d'un reproche par le tribunal, c'est que la déposition du témoin reproché ne soit point lue (Pr. 291); car le témoin reproché n'en a pas moins été entendu dans sa déposition. (Pr. 284.)

47. Si la nullité est prononcée pour un fait du juge commissaire, l'enquête est recommencée à ses frais; après annulation pour fait de l'avoué ou de l'huissier, il ne reste à la partie qu'une action en dommages-intérêts contre eux. Ici, en effet, la faute commise est jusqu'à un certain point imputable à la partie qui aurait pu faire choix d'un mandataire soigneux. (Pr. 292, 293.)

TITRE XV.

DE L'INTERROGATOIRE SUR FAITS ET ARTICLES.

48. *Quel est le but d'un interrogatoire sur faits et articles? — En quoi diffère-t-il d'une comparution de parties? — Comment répondent les établissements publics?*

48. Le but d'un interrogatoire sur faits et articles, est d'arriver à un aveu judiciaire (C. civ. 1356). Tel est aussi le but d'une comparution de parties (Pr. 119). Mais les différences entre ces deux modes d'instruction sont importantes. Dans le premier, on ne provoque d'aveu que de la part d'une des parties, celui qui a requis l'interrogatoire ne pouvant pas même y assister (Pr. 333); il n'a lieu qu'en présence d'un juge commissaire et de son greffier, et enfin est précédé de vingt-quatre heures au moins par une notification des faits qui serviront principalement de matière aux questions adressées (1), de la requête qui les contient, sur laquelle a été rendue l'ordonnance

(1) Toutefois, le juge peut adresser d'office des questions relatives à d'autres faits. (P. 333.)

prononçant l'interrogatoire (Pr. 329.) Dans le second, au contraire, il y a appel réciproque des parties à leur bonne foi, publicité entière, puisque tout se passe à l'audience, en face du tribunal et du public, et de plus, questions imprévues adressées par les parties l'une à l'autre.

En matière commerciale, le tribunal peut opter entre l'audition publique et l'audition dans la chambre du conseil. (Pr. 428).

Quand la parttie à interroger est un être moral, ainsi, une communauté, un établissement public, un interrogatoire véritable n'est pas possible ; mais, les faits et articles ayant été communiqués à l'établissement assigné, son représentant envoie un agent porteur d'un pouvoir spécial dans lequel les réponses sont expliquées et affirmées.

TITRE XVI.

DES INCIDENTS.

49. *Par qui peut être soulevé un incident dans le cours d'une instance ? — Comment se forme une demande incidente ? — Dans quels cas ? — Dans quels cas est recevable une intervention dans une instance ? — Comment se forme-t-elle ?*

49. Un incident peut être soulevé ou par une des parties déjà en cause, intentant une demande incidente contre l'autre partie, ou par un tiers intervenant. (Pr. 337, 339.)

Une demande incidente se forme par un simple acte d'avoué à avoué contenant les moyens et les conclusions (Pr. 337) ; et si le défendeur n'avait pas constitué d'avoué, par exploit d'assignation. Elle peut avoir pour objet, par exemple, de conclure aux intérêts, après qu'on s'est borné dans l'assignation à conclure au principal, et, de la part du défendeur, à des dommages-intérêts après qu'il s'est borné, dans sa requête de défense, à repousser la demande en elle-même. En règle générale, elle doit, ou être connexe à la demande principale, ou au moins y défendre, si elle est formée par le défendeur.

Quant à l'intervention, elle est recevable de la part de tous ceux qui auraient droit de former tierce opposition au jugement qui terminera le procès (Pr. 466), c'est-à-dire de ceux aux droits desquels ce jugement préjudicierait sans qu'ils y eussent été appelés (Pr. 474.) Il vaut mieux, en effet, laisser intervenir une personne avant jugement pour la conservation de ses droits, que de lui réserver seulement un recours contre le jugement rendu.

L'intervention se forme par une requête signifiée aux avoués des deux parties déjà en cause (Pr. 339), et qui doit contenir copie des pièces justificatives, comme une assignation (Pr. 339, 65.)

TITRE XVII.

DES REPRISES D'INSTANCES, ET CONSTITUTION DE NOUVEL AVOUÉ.

50. *Quand il y a-t-il lieu à suspension d'instance? — Jusqu'à quand dure cet état?*

50. Il y a suspension d'instance : 1° après notification de la mort de l'une des parties ; 2° après décès, démission, interdiction et destitution d'un des avoués, sans notification qui eût été superflue ici, puisque l'événement doit être connu de l'avoué adverse ; si toutefois, dans ces deux cas, l'affaire n'est pas en état, c'est-à-dire, relativement à l'instruction ordinaire, si les conclusions n'ont pas été contradictoirement prises à l'audience (Pr. 344, 343). Alors, en effet, l'instance ne pourrait continuer sans délai qu'au mépris du droit de défense, puisque l'un des deux intérêts qui sont en présence est privé dès avant le début de son soutien judiciaire, l'avoué, ou même, vu la mort de la partie, ne concerne plus une personne en cause.

L'état de suspension de l'instance dure, en cas de mort d'une des parties, jusqu'à reprise par acte d'avoué à avoué (Pr. 347), et, en cas de cessation de fonctions d'un des avoués, jusqu'à constitution de nouvel avoué notifiée (Pr. 344.) Si la reprise ou constitution ne se fait pas volontairement, la partie qui la désire assignera à l'une de ces fins l'héritier de la partie décédée ou la partie dont l'avoué n'exerce plus (Pr. 346); il arrivera alors, ou qu'elle continuera la procédure sans contester, ou qu'elle contestera (Pr. 347), ce qui donnera lieu à une instruction sommaire (Pr. 348), ou enfin, qu'elle ne comparaîtra pas, ne constituera pas avoué sur l'assignation; en ce cas, il sera rendu un jugement de défaut qui tiendra la cause pour reprise, et ordonnera qu'il sera procédé suivant les anciens errements. (Pr. 349.)

TITRE XVIII.

DU DÉSAVEU.

51. *Dans quel cas peut être fait le désaveu? — Quel en est l'objet? — Comment se fait-il? — A quel tribunal est-il porté, suivant les cas? — Dans quel délai doit-il être formé,*

s'il l'est à l'occasion d'un jugement qui a acquis force de chose jugée, n'étant plus passible d'opposition ni d'appel?

51. Ce qui donne lieu à désaveu contre un avoué, c'est d'avoir fait un aveu, donné un consentement, fait ou accepté des offres; ainsi, déféré ou accepté un serment sans pouvoir spécial (Pr. 352), et aussi, à plus forte raison, quoique la loi n'en dise rien, d'avoir entamé et suivi une instance sans pouvoir. L'objet du désaveu est de faire tomber les actes qui ont dépassé le mandat conféré, avec leurs conséquences, le jugement s'il a déja été rendu dans les dispositions du jugement relatives aux chefs de désaveu (Pr. 360). De la part de tout autre mandataire qu'un avoué, un excès de pouvoir serait indifférent au mandant qui n'aurait pas besoin d'une procédure en désaveu, et se bornerait à opposer aux tiers qui se prévaudraient de la faute du mandataire, les termes du pouvoir, et l'article 1998 du Code civil qui déclare le mandant étranger à ce qui a été fait au-delà du pouvoir donné. Ce qui nécessite un démenti judiciaire contre l'avoué, c'est son caractère d'officier ministériel, d'où résulte la présomption qu'il s'est conformé au mandat, et, s'il ne l'a pas fait, l'exercice du pouvoir disciplinaire des tribunaux contre lui. (Pr. 360.)

Le désaveu se fait au greffe du tribunal qui doit en connaître, par un acte signé de la partie ou du porteur de sa procuration spéciale et authentique (Pr. 353.), et il est notifié par assignation à l'avoué défendeur et aux avoués des parties intéressées au maintien de l'acte désavoué, à moins qu'il ne soit formé dans le cours d'une instance encore pendante. (Pr. 358, 355, 356, 354.)

Si le désaveu est principal, s'il concerne un acte étranger à tout procès actuel, il suit la règle commune des actions personnelles et se porte devant le tribunal de l'avoué désavoué, du défendeur. (Pr. 358; 59, 1°.)

Si, au contraire, il est incident, c'est-à-dire formé contre un acte invoqué dans le cours d'une instance pendante, il est porté devant le tribunal qui connaît ou qui a connu de l'affaire pour l'instruction de laquelle cet acte a été fait. (Pr. 354, 356.)

Le désaveu formé à l'occasion d'un jugement qui aura acquis force de chose jugée, ne pourra être reçu après la huitaine à dater du jour où le jugement devra être réputé exécuté contre celui qui peut désavouer, par suite des circonstances qui rendent un jugement rendu par défaut contre partie non susceptible d'opposition. (362, 159.)

TITRE XXII.

DE LA PÉREMPTION.

52. *Qu'est-ce que la péremption? — A-t-elle lieu de droit? — A-t-elle lieu contre toutes personnes?*

52. La péremption est l'extinction de la procédure par discontinuation de poursuites pendant trois ans (Pr. 397, 401). Par là, du reste, l'instance seule est éteinte ; le droit lui-même et l'action, ou le droit de l'exercer en justice, subsistent encore, et l'instance peut être renouvelée (Pr. 401). L'action ne s'éteint que par la prescription (C. civ. 2262). Mais il est possible que la péremption conduise à la prescription : une demande ayant été formée vingt-sept ans après la naissance de l'action, comme elle doit être exercée avant la trentième année révolue, à peine d'être prescrite, il est clair qu'elle le sera, si la demande n'a été suivie, pendant trois ans, d'aucune procédure ; ce temps en effet a complété celui de la prescription, qu'une demande sans suite n'a point interrompue. (C. civ. 2247.)

Le délai de la péremption est prolongé de six

mois dans le cas où il y a eu discontinuation forcée de poursuites par mort d'une des parties ou par cessation de fonctions d'un des avoués. (Pr. 397).

La péremption d'ailleurs n'a pas lieu de droit : tant que le défendeur ne l'a pas demandée par requête d'avoué à avoué, et, si l'avoué du demandeur n'est plus en fonctions, par exploit à personne ou domicile, elle est couverte si l'une des parties fait des actes valables. (Pr. 399, 400.)

Mais elle a lieu contre toutes personnes, et même contre les mineurs (Pr. 398), qui sont, au contraire, à l'abri de la prescription. (C. civ. 2252.)

TITRE XXIII.

DU DÉSISTEMENT.

53. *Quel effet produit un désistement accepté? — Pourquoi a-t-il besoin d'être accepté? — Ne suffit-il pas qu'il soit donné?*

53. Comme la péremption, le désistement fait et accepté et signé des deux parties n'éteint que la procédure ; il emporte consentement à ce que les choses soient remises de part et d'autre au même état qu'elles étaient avant la demande (Pr. 403); mais ici, comme au cas de péremption, la prescription de l'action elle-même peut arriver par voie de conséquence ; cela aura lieu si le désistement du demandeur, accepté par son adversaire, a eu lieu au dernier instant du délai de trente ans, à partir de la naissance de l'action, dans lequel la demande pouvait être formée ; alors, en effet, l'interruption qu'elle avait produite est non avenue, et il est impossible d'en produire une nouvelle par une autre demande, puisque l'action s'est éteinte. (C. civ. 2247.)

Mais un désistement non accepté ne produirait aucun effet; il dépendait en effet du demandeur seul d'intenter ou non l'action; il ne dépend pas de lui seul de dessaisir le tribunal; le contrat judiciaire une fois formé, une fois le débat engagé sur le fond, les questions de compétence du tribunal, de validité d'exploit étant résolues, le procès appartient aux deux parties. Il serait trop commode d'abandonner une instance dont le dénouement s'annoncerait mal, pour la renouveler sous de meilleurs auspices ; ainsi, en cas d'action mixte, de transporter la connaissance de l'affaire du tribunal du défendeur d'abord choisi et ensuite présumé défavorable, au tribunal de la situation de l'objet litigieux.

TITRE XXIV.

DES MATIÈRES SOMMAIRES.

54. *Quelles matières son réputées sommaires? — En quoi la procédure relative à ces matières, diffère-t-elle de la procédure ordinaire?*

54. Sont réputées matières sommaires, 1° les appels de juges de paix à cause de la modicité ordinaire de l'intérêt ou de la simplicité habituelle des affaires ; 2° par cette dernière raison, les demandes pures personnelles, quand il y a titre non contesté; 3° les demandes formées sans titre ou avec titre contesté, pourvu qu'elles n'excèdent pas 1500 francs : la modicité de l'intérêt exigeait une procédure moins coûteuse ; 4° les demandes provisoires ou requérant *célérité*, et, par exemple, celles qui donnent lieu à exécution provisoire (Pr. 135), les demandes provisoires et celles en paiement de loyers, fermages et arrérages de rentes. (Pr. 404.)

Ici, la procédure diffère de la procédure ordinaire, en ce qu'elle est dégagée des formalités de défenses et de réponses signifiées (Pr. 77, 78;

— 405) ; et, quant aux enquêtes, elles ont ceci de spécial qu'elles se font, non devant un juge commissaire, dans le secret (Pr. 407 et 255 comparés), mais en audience publique, conformément à l'ordonnance de 1667, dont la disposition à cet égard porta la première atteinte au principe des enquêtes secrètes, et en ce qu'il n'est point dressé de procès-verbal de l'enquête, si l'affaire ne doit point aller au-delà du tibunal d'arrondissement, devant lequel les témoins ont déposé, le jugement qu'il rendra n'étant pas susceptible d'appel, statuant sur une demande qui n'est pas supérieure à 1,500 fr. (Pr. 410.) Sous ce dernier rapport, il y a identité de condition entre la procédure sommaire des tribunaux d'arrondissement, et la procédure constante des justices de paix (Pr. 40) et des tribunaux de commerce où toutes les enquêtes sont sommaires. (Pr. 432.)

TITRE XXV.

PROCÉDURE DEVANT LES TRIBUNAUX DE COMMERCE.

Art. 414 et 421. — Nous l'avons déjà remarqué, il n'y a pas d'avoués devant les tribunaux civils d'exception, tribunaux de commerce et justices de paix, il n'y en a que devant les tribunaux d'arrondissement. (*Voy*. n° 8, § 1.)

Art. 415 et 416. — (*Voy*. n° 8.)

Art. 417. — Ici, deux choses à remarquer, un permis d'assigner à bref délai, de même qu'en matière civile (Pr. 72, § 2), un permis de saisir des effets mobiliers, de pratiquer une saisie exécution, tout en dehors du droit commun qui exige pour cette sorte de saisie un titre exécutoire, comme pour toute saisie (Pr. 545), et de plus, un commandement. (Pr. 583, 584. — *Voy*. n° 8, § 2 et 64.)

Ar. 418. — L'assignation d'heure à heure est toute spéciale aux affaires commerciales maritimes. (*Voy*. n° 8, § 2.)

Art. 419. — (*Voy*. n° 8, § 1, en note.)

Art. 420. — (*Voy*. n° 7, § 4.)

Art. 422. — La nécessité d'une élection de domicile dans le lieu où siége le tribunal de commerce pour les parties en instance dès que le procès n'est pas vidé à la première audience, tient aux habitudes voyageuses qui empêchent beaucoup de commerçants d'avoir un domicile ou principal établissement, et qui rendent presque impossible de savoir où est leur résidence actuelle; on ne saurait donc où leur faire les significations, s'ils ne choisissaient un domicile, et si, à défaut de cette élection, la loi ne leur en attribuait un au greffe même du tribunal.

Art. 423. — La facilité des transactions commerciales entre gens de différentes nations, et le besoin de maintenir, dans ce but, l'égalité entre les contractants sans avoir égard à l'intérêt du défendeur et spécialement du français, cité devant un tribunal de son pays, ordonnait de déroger au principe qui astreint tout demandeur étranger à fournir caution (C. civ. 16, Pr. 66), c'était déjà dans la loi civile. (C. civ. 16.)

Art. 424. — (*Voy.* no 30.)

Art. 425. — La seconde partie de l'article donne la raison de la première ; c'est précisément à cause de l'appel qui est toujours ouvert, sans distinction de valeur, en matière de compétence (*Voy.* Pr. 454 et n° 56), que la disposition du jugement qui l'a déclinée ou admise, doit être détachée de celle qui a statué sur le fond, c'est-à-dire sur un intérêt pécuniaire de nature peut-être à être réglé en dernier ressort

Au reste, la faculté de statuer à la fois sur la compétence et sur le fond n'existe pas au civil. *Voy.* (Pr. 172.)

Art. 426 et 427. — Ce sont en effet des questions civiles que la qualité d'héritier ou de veuve d'une part ; et d'autre part, que l'opportunité d'une vérification d'écriture privée, méconnue, ou d'une inscription de faux contre un acte authentique.

Art. 428. — Ce que l'interrogatoire a ici de spécial, c'est qu'il dépend du tribunal de l'ordonner d'office, et, d'un autre côté, de le rendre public; en matière civile, il n'est ordonné que sur requête, et se passe en secret. (Pr. 325.)

Art. 429 à 431. — Ces arbitres se bornent à concilier, s'ils le peuvent les parties, sinon, à donner leur avis; ils sont tous spéciaux à la juridiction commerciale ou consulaire, et ne pourraient être transportés dans les matières civiles.

Ils n'ont d'ailleurs que le nom de commun avec les arbitres juges dont il sera question plus bas. (*Voy.* nos 72 et 73.) Ceux-là sont appelés à statuer.

Art. 432. — Bien que l'enquête soit sommaire, il y a obligation d'en rédiger procès-verbal dans les causes sujettes à appel; c'est comme en justice de paix et en matière sommaire devant le tribunal d'arrondissement. (*Voy.* art. 39 à 43 et no 54.)

Art. 433. — La rédaction des expéditions de jugements se fait comme dans les tribunaux civils, pour la formule exécutoire ainsi que pour tout le reste (Pr. 141, 146); seulement il ne saurait y être question ni de ministère public ni d'avoués. On y arrive d'ailleurs sans qu'il y ait de *qualités* signifiées ; voilà pourquoi cet article ne renvoie pas aux art. 142 - 145.

Art. 434. — Tous les défauts ici sont contre partie, car il n'y a pas d'avoués. Evidemment, par cette même raison, ils ne peuvent être faute de *comparaître*, ce mot signifiant constituer avoué ; ils sont donc faute de conclure en personne.

Les hypothèses de défaut du demandeur et de défaut du défendeur diffèrent beaucoup ; la première vaut pour le défendeur congé de la demande ; la seconde n'emporte gain de cause pour le demandeur qu'autant que ses conclusions se trouvent justes et bien vérifiées ; telle est, du moins, la lettre de la loi.

Art. 435, § 1. — La précaution d'un huissier commis, prise en matière civile pour les seuls jugements par défaut profit joint, s'applique ici à tous les jugements de défaut et en assure la signification.

Art. 435, § 2 et 436.— Le délai de l'opposition fût-il de huitaine comme l'est en matière civile le défaut contre avoué (Pr. 157), ne coincidera pas avec le délai pendant lequel l'exécutiou est impossible ; celui-ci n'est que d'un jour après la signifi-

7.

cation (*Voy.* n°24.) Mais le délai de l'opposition est beaucoup plus long que huitaine; en effet, il a été dérogé au Code de procédure (art. 436) par l'art. 643 du Code de commerce, il renvoie pour le délai de l'opposition, non pas à l'article 157 du Code de procédure, mais aux articles 158 et 159 qui déclarent l'opposition recevable jusqu'à l'exécution du jugement par défaut. (*Voy.* n°. 24.)

Du reste, l'opposition une fois formée a toujours une force suspensive comme l'appel interjeté.

Art. 437 et 438. — Dans l'un, la forme judiciaire de l'opposition; dans l'autre, la forme extrajudiciaire, mais provisoire; car une opposition régulière ne doit pas se faire attendre plus de trois jours. (*Voy.* n° 26.)

Art. 439. — Il faut bien comprendre que l'exécution provisoire des jugements est de droit en matière commerciale. L'office du juge ne tombe que sur la dispense de caution qu'il peut accorder dans les trois cas où l'exécution provisoire doit être ordonnée par lui en matière civile. La loi du 16 août 1790, tit. 11, art. 4, disait au contraire : « tous les jugements seront exécutoires « par provision nonobstant l'appel, *en donnant*

« *caution*, à quelque somme ou valeur que les « condamnations puissent monter. »

Art. 442. — Un caractère propre aux tribunaux de commerce qui établit un contraste entr'eux et les tribunaux civils en même temps qu'il leur est commun avec les justices de paix, c'est d'être tribunaux d'exception. Ils ne sont donc compétents que dans des cas définis ; la juridiction ordinaire appartenant aux tribunaux d'arrondissement en première instance, et aux cours royales en appel, ils ne peuvent connaître que des matières qui leur ont été formellement attribuées (L. 1790, tit. 4, art. 4). Or, les questions qui s'élèvent au sujet de l'exécution de leurs jugements, ne sont pas de ce nombre ; l'art. 2 et 3 du Code de procédure, pour les justices de paix et pour les tribunaux de commerce, les articles 632 - 637 du Code de commerce sont muets à cet égard. La règle subsiste donc, les contestations relatives aux saisies, et, par exemple, la revendication si fréquente des meubles saisis, exercée par un tiers qui s'en prétend propriétaire (Pr. 608), seront soumises au tribunal d'arrondissement du lieu de l'exécution. (Pr. 553.)

Quoi qu'il en soit, les contestations relatives à l'exécution d'un jugement qui ordonne de fournir caution, sont soumises au tribunal de commerce (art. 440 et 441.)

55. *Quelles sont les voies ordinaires de recours contre les jugements? — Quelles sont les voies extraordinaires?*

Quelle différence y a-t-il entre les uns et les autres, quant à l'effet quelles ont sur l'exécution des jugements attaqués?

55. Les voies ordinaires de recours contre les jugements sont *l'appel*, qui s'applique à tous sans distinction, et *l'opposition* qui ne concerne que les jugements par défaut, à l'effet de les faire rétracter par les tribunaux mêmes qui les ont rendus.

Les voies extraordinaires de recours contre les jugements sont la tierce opposition, la requête civile et la cassation dont le Code de procédure ne dit rien.

Les voies ordinaires de recours sont suspensives d'exécution ; l'opposition, même éventuelle, possède en principe un effet suspensif à l'égard de l'exécution du jugement par défaut (Pr. 155); l'appel, mais seulement quand il est réalisé, est également suspensif, en principe. (Pr. 457.)

Au contraire, la tierce opposition ne devient suspensive que par la volonté du juge (Pr. 478,

§ 2), et la requête civile ne peut jamais empêcher l'exécution du jugement attaqué (Pr. 497). Il y a plus, si la condamnation a pour objet le délaissement d'un héritage, il ne peut être accordé de défense d'exécution, en fait de tierce opposition, et, en fait de requête civile, la preuve de l'exécution consommée doit être rapportée par le demandeur, à peine d'être déclaré non recevable. (Pr. 478, § 1, 497.)

LIVRE TROISIÈME.

TITRE UNIQUE.

DE L'APPEL.

56. *Quelles sont les exceptions à la règle de l'appel, les cas où il n'est pas possible d'appeler, soit d'un jugement de tribunal d'arrondissement, soit d'une sentence de juge de paix, soit d'un jugement de tribunal de commerce? — Les parties peuvent-elles renoncer à l'appel avant jugement?*

57. *Quel est le délai pour interjeter appel? —D'où court ce délai suivant les cas?— Mais n'y a-t-il pas un appel possible même de la part de celui qui a signifié le jugement? — Quel est le délai de cet appel? — Le délai de l'appel principal n'est-il pas quelquefois augmenté ou suspendu?*

58. *Pendant combien de temps, à dater du jour d'un jugement, l'appel est-il non recevable? — L'appel prématuré peut-il être réitéré? — Quels jugements sont, par exception, susceptibles d'appel immédiat? — Exécute-t-on le jugement quoiqu'il ne soit pas possible d'en appeler? — N'y a-t-il point pour les jugements par défaut un délai plus long pendant lequel il est interdit d'appeler? — La procédure commerciale ne fait-elle pas exception à ces règles?*

59. *En quoi diffèrent un jugement* interlocutoire *et un jugement* préparatoire, *sous le rapport de l'appel? —En quoi diffèrent-ils par eux-mêmes?*

60. *Dans quelle forme s'interjette l'appel?*

61. ***Un tribunal d'appel qui infirme un jugement, peut-il en même temps statuer sur le fond?***

56. L'appel est un recours d'un juge inférieur à un juge supérieur, dans le but de faire réformer la sentence du premier. Son institution date du règne de saint Louis (1270), qui l'ouvrit devant la cour des Pairs, à Paris (établissements, ch. 7, liv. 1); son organisation actuelle, de la loi du 27 ventôse an VIII. Les tribunaux d'arrondissement sont tribunaux d'appel par rapport aux justices de paix, comme les Cours royales le sont à leur égard. Mais une affaire ne peut point passer devant plus de deux degrés de juridiction; ainsi, quand elle a commencé en justice de paix, elle s'arrête au tribunal d'arrondissement dont le jugement est en dernier ressort. Elle peut même n'être soumise qu'à un degré de juridiction (Pr. 453, 52), excepté toutefois s'il s'agit d'incompétence, car alors les deux degrés sont de rigueur (Pr. 454). D'abord, comment est réglée, par la loi du 11 avril 1838 (art. 11), la compétence des tribunaux d'arrondissement : « Les tribunaux civils « de première instance, connaîtront en dernier « ressort, des actions personnelles et mobilières, « jusqu'à la valeur de 1,500 fr. de principal et

« des actions immobilières jusqu'à 60 fr. de re-« venu déterminé, soit en rentes, soit par prix de « bail (1). » Mais ils connaissent d'ailleurs en premier ressort des actions personnelles ou mobilières d'une valeur au dessus de 200 fr. (2), excepté s'il s'agit de contestations entre propriétaires et locataires pour défaut de paiement, le bail étant de 400 fr. par an à Paris, et de 200 fr. partout ailleurs ; ou d'indemnités réclamées par le preneur ou le bailleur ; de réparations locatives ; de contestations entre les maîtres et domestiques ou ouvriers, pour engagements respectifs ; entre les voyageurs et rouliers, aubergistes, logeurs, voituriers, bateliers ou carrossiers, pour dépense d'hôtellerie ou frais de route et perte d'effets déposés ; ou pour le paiement des nourrices. Enfin, des actions civiles pour diffamation verbale, pour injure, autrement que la voie de la presse ou pour voies de fait, et des actions pour dom-

---

(1) C'était auparavant 1,000 livres de principal en matière personnelle et mobilière, et 50 livres de revenu en matière réelle. (L. 16-24 Août 1790, tit. 4, art. 5.)

(2) Et même, en fait de pension alimentaire, le juge de paix ne connaît en premier ressort que de celles qui n'excèdent pas 150 fr. par an, et seulement lorsqu'elles seront formées en vertu des art. 205, 206 et 207 du C. civ. (L. 25 mai 1838, art. 6, 4°.)

mages aux champs, fruits et récoltes. Dans tous les cas, ce sont les juges de paix qui connaissent en premier ressort, à charge d'appel, au moins jusqu'au temps de la compétence en dernier ressort des tribunaux de première instance. Ils connaissent même jusqu'à une valeur indéterminée quand il s'agit de défaut de paiement de loyers ou fermages, de réparations locatives, de contestations pour service à gages et d'actions pour dommage rural, ou en diffamation, ou pour voies de fait.

En matière immobilière, pour les actions possessoires, et pour les actions en bornage ou en respect de la distance prescrite pour la plantation d'arbres, ou l'établissement d'une construction incommode (C. civ. 671, 674), c'est toujours le juge de paix qui connaît en premier ressort.

Dans tous les cas où le tribunal d'arrondissement connaît en premier ressort, si l'intérêt du procès, le montant des demandes respectives formées par les parties (1), et non pas la somme de ces demandes cumulées, est d'une valeur supérieure à 1,500 fr. ou d'une valeur indéterminée,

---

(1) Néanmoins, il sera statué en dernier ressort sur les demandes en dommages-intérêts, lorsqu'elles seront fondées exclusivement sur la demande principale elle-même.

le jugement sera susceptible d'appel, d'après la règle générale des deux degrés de juridiction. (Pr. 453, § 1.)

La compétence de dernier ressort des juges de paix a été récemment portée par la loi du 25 mai 1838 (art. 1), de la valeur de 50 fr. à celle de 100 fr. en matière personnelle ou mobilière. Ainsi, les art. 9 et 10 du titre 3 de la loi du 16 août 1790, sont abrogés.

Enfin, les tribunaux de commerce jugent en dernier ressort de toutes les demandes dont le principal n'excède pas la valeur de 1,000 fr. (C. com. 639, 1°.)

L'affranchissement de l'appel assure aux jugements émanés d'une juridiction inférieure par les dispositions de la loi, dans une certaine limite pécuniaire qu'elle a fixée, peut être étendu à des sommes plus fortes par le consentement des parties. Pour les justices de paix et les tribunaux de commerce, le Code de procédure est formel. Le juge de paix jugera le différend en dernier ressort si *les lois ou les parties* l'y autorisent (Pr. 7). Les tribunaux de commerce jugent en dernier ressort toutes les demandes où les parties justiciables de ces tribunaux et usant de leurs droits, auront déclaré vouloir être jugées définitivement et sans appel (C. com. 639, 2°). Quant aux tribunaux d'arrondissement, la loi de 1790 dit en son tit. 4, art. 6 : « En toute matière « personnelle, réelle ou mixte, à quelque som- « me ou valeur que l'objet de la contestation « puisse monter, les parties seront tenues de dé- « clarer, au commencement de la procédure, si « elles consentent à être jugées sans appel, et « auront encore, pendant le cours de l'instruc- « tion, la faculté d'en convenir, auquel cas les « juges de district prononceront en premier et « dernier ressort. »

57. Le délai pour interjeter appel est de trois mois, soit que l'on appelle en Cour royale d'un jugement de tribunal civil ou de tribunal de commerce, de justice de paix (Pr. 443 1°) ; il n'est que de trente jours en justice de paix à l'égard des personnes domiciliées dans le canton ; pour les autres, il y a augmentation à raison des distances (Pr. 1033, 73). L. 25 mai 1838, art. 13. Ce délai emporte déchéance (Pr. 444) ; ainsi, l'appel interjeté postérieurement sera déclaré non recevable.

Ce délai court du jour de la *signification* à personne ou domicile pour les jugements contradictoires (Pr. 443, 1°, emprunté à l'art. 14 du titre 5 de la loi de 1790) ; ce n'est pas du jour où le jugement a été prononcé à l'audience parce qu'une simple audition doit avoir laissé des traces trop fugitives pour que le jugement soit réputé connu de la partie qui a perdu.

A l'égard des jugements par défaut, le même délai de trois mois ne court que du jour où l'opposition à ce jugement n'est plus recevable (Pr. 443, 2°), c'est-à-dire du huitième jour après celui de la signification du jugement par défaut à avoué, au cas de défaut contre avoué (Pr. 157), et au cas de défaut contre partie, du jour où le jugement est réputé exécuté. (Pr. 158, 159).

Quand une partie a signifié un jugement, l'autre partie est ainsi mise en demeure d'y acquiescer ou d'en appeler; si elle se rend appelante, son adversaire devenu défendeur, *intimé*, c'est le nom du défendeur en appel, est libre désormais d'interjeter appel des chefs du jugement qui lui sont préjudiciables. Mais cet appel dit *incident*, n'est pas enfermé dans le même délai que l'appel principal; sinon, la partie adverse aurait toujours pu, en retardant celui-ci jusqu'au dernier jour du délai de trois mois, rendre le premier impossible; il peut-être interjeté *en tout état de cause*, tant que le tribunal d'appel n'a pas statué sur l'appel principal.

Du reste, le délai ordinaire de l'appel principal s'augmente pour les personnes qui demeurent hors de la France continentale dans la même proportion que le délai de l'ajournement (Pr. 445, 73) et d'une année pour les personnes absentes d'Europe pour service sur terre ou sur mer, ou pour mission diplomatique. (Pr. 446.)

D'un autre côté, le cas de mort de la partie condamnée suspend le délai de l'appel; il ne reprend son cours que de la signification faite aux héritiers du défunt collectivement, et déposé au domicile du defunt, sinon, entre les mains d'un voisin, et à son défaut, du maire (Pr. 68), après expiration du délai pour faire inventaire et délibérer. (Pr. 447.)

De même, si le jugement attaquable par voie d'appel a été rendu sur une pièce fausse, ou faute par la partie condamnée de représenter une pièce décisive qui était retenue par son adversaire, le délai de l'appel ne courra que du jour où le faux a été reconnu par l'adversaire, soit par jugement, ou bien du jour où la pièce est prouvée par écrit, avoir été recouvrée (Pr. 448.) Il eût été injuste que le délai de l'appel courût avant que l'appelant n'eut entre les mains les moyens de succès.

58. La loi de 1790 frappait de déchéance dans

l'art. 14 de son titre 5 et l'appel tardif, c'est-à-dire postérieur aux trois mois écoulés depuis la signification du jugement et l'appel prématuré, c'est-à-dire antérieur à la huitaine écoulée depuis le jour du jugement. Les articles 443 et 444 ont reproduit la première déchéance ; l'art 449 reproduit la seconde (1). La chaleur du mécontentement qui suit la perte d'un procès entraînerait trop d'appels irréfléchis et téméraires.

Mais, à la différence de l'appel tardif, l'appel prématuré peut être réitéré; il peut l'être dans les délais de l'appel (Pr. 449, 443). La déchéance irrémédiable commune à cet appel et à l'appel tardif sous la loi de 1790 avait déjà été supprimée pour la preuve par la loi du 21 frimaire an VI.

La nécessité d'un délai entre le jugement et l'appel ne s'applique pas aux jugements exécutoires par provision (Pr. 449, 135). L'appel en effet peut, en ce cas, détourner la partie gagnante de poursuivre aussitôt l'exécution comme

---

(1) Depuis la nouvelle Loi du 25 mai 1838, art 13, l'appel des justices de paix n'est pas non plus recevable avant les trois jours qui suivent celui de la prononciation du jugement, à moins qu'il n'y ait lieu à exécution provisoire.

elle en a le droit, par la crainte d'un échec en appel qui ferait retomber sur elle les frais de poursuites.

Tant que le jugement n'est pas susceptible d'appel, il ne l'est pas non plus d'exécution; c'est de toute équité. Les jugements exécutoires par provision sont seuls exceptés (P. 450); tels sont tous les jugements du tribunal de commerce (Pr. 439, C. com. 645).

Pour les jugements par défaut, il y a une interdiction d'appel plus longue encore; elle dure pendant tout délai de l'opposition : une voie plus compliquée de recours ne doit s'ouvrir qu'après qu'une voie plus simple est fermée. (Pr. 455.)

Mais, en matière commerciale, l'appel peut être interjeté le jour même du jugement par un motif de célérité. (Pr. 645.)

59. Les jugements *préparatoires* ne peuvent être attaqués par la voie de l'appel qu'après le jugement définitif et conjointement avec lui ; au contraire, l'appel d'un jugement *interlocutoire* et de tout autre jugement d'avant faire droit accordant une provision statuant sur la compétence, etc., peut être interjeté avant le jugement définitif d'après la règle générale. (Pr. 31, 451).

Il importe en général que l'appel des jugements d'instruction de l'affaire, ne deviennent pas, entre les mains d'un plaideur obstiné, un moyen d'ajourner indéfiniment sa condamnation définitive. Voilà pourquoi l'appel immédiat est interdit à l'égard des jugements préparatoires, tels que ceux de jonction de cause, de communication de pièces, etc. Les jugements interlocutoires ordonnent bien aussi une mesure destinée à préparer une décision, mais ils ont cela de particulier, qu'ils ordonnent une mesure, une instruction qui préjuge le fond de la cause (Pr. 452). Si en effet l'instruction, et, par exemple, l'enquête ordonnée tourne en faveur du demandeur, si la vérité des faits qu'il alléguait demeure établie, il a par là même gain de cause; sinon, il a perdu. Les excès, les sévices ou les injures graves du mari, une fois attestés, doivent faire prononcer la séparation de corps de la femme demanderesse qui a déjà obtenu d'en fournir la preuve par témoins. On comprend donc tout l'intérêt de la faculté d'interjeter immédiatement appel des jugements interlocutoires.

60. L'acte d'appel contient assignation dans les délais de la loi (huitaine) et est signifié à personne ou domicile, à peine de nullité (Pr. 456, 61.) Notons, du reste, que l'exposé sommaire des moyens des griefs d'appel ne saurait être prescrit sous la même peine; en effet, ces griefs seront signifiés ensuite par l'appelant dans la huitaine de la constitution d'avoué par l'intimé défendeur en appel qui ne fait pas ici la première signification comme le défendeur devant un tribunal d'arrondissement (Pr. 462, 77); dans les affaires sommaires et notamment dans toutes les affaires commerciales (Code com. 648) où il n'y a pas d'écritures (Pr. 463.), on peut dire qu'ils sont déjà connus par les débats de première instance; on peut dire la même chose quand l'appelant suit l'audience, en s'abstenant de défense écrite, ainsi que peut le faire le défendeur en première instance. (Pr. 79.)

61. En appel, le tribunal qui infirme un jugement de première instance ne se borne pas à le casser et annuler pour renvoyer ensuite la connaissance de l'affaire à un autre tribunal comme fait la cour de cassation; il substitue un arrêt au jugement infirmé; si la cour royale renvoyait au lieu de statuer, il y aurait plus de deux degrés de juridiction. Cela va de soi quand le jugement étant définitif, avait statué sur le fond de l'affaire; mais s'il n'en était point ainsi, le fond n'aura subi qu'un degré de juridiction; le premier degré aura été franchi. Et pourtant, la loi, dans un intérêt de prompte et économique justice, a permis au tribunal d'appel qui infirme un jugement interlocutoire de statuer en même temps sur le fond, s'il est en état, c'est-à-dire, si la preuve autorisée par l'interlocutoire maintenant infirmé était la seule que pût fournir le demandeur originaire, l'intimé (Pr. 473); il sera, en conséquence, débouté de sa demande.

LIVRE QUATRIÈME.

TITRE I.

DE LA TIERCE OPPOSITION.

62. *Qu'est-ce qui donne lieu à la tierce opposition?*

62. Ce qui donne lieu à la tierce opposition contre un jugement, c'est le préjudice qu'il causerait, s'il n'était notifié à un tiers qui n'a pas figuré comme partie dans l'instance que ce jugement a terminée (Pr. 474). Suivant Merlin, cette voie de recours contre un jugement est facultative ; la personne qui l'emploie pourrait également opposer l'art. 1351 du Code civil, d'après lequel l'autorité de la chose jugée est renfermée entre les parties portées au jugement ; suivant Proudhon, au contraire, la tierce opposition n'est que la mise en action de l'axiôme limitatif de la chose jugée : *Res inter alios judicata aliis nocere non potest.* Ce dernier avis est le nôtre.

TITRE II.

DE LA REQUÊTE CIVILE.

63. *La requête civile est-elle possible quand d'autres voies de recours sont encore ouvertes? — Quelles circonstances y donnent ouverture? — Devant quel tribunal est-elle portée, et quel est son but, son résultat unique, ordinairement? — Dans quel délai? — Dans quelle forme? — Quelles conditions sont imposées au demandeur en requête civile?*

63. Il faut pour avoir droit d'attaquer un jugement par requête civile, qu'il ne puisse plus être attaqué par aucune voie ordinaire, opposition ou appel, le délai de l'opposition étant écoulé et l'appel étant impossible parce que le jugement était en dernier ressort (Pr. 480). La voie de requête civile s'applique aux jugements des tribunaux civils et commerciaux, aux arrêts des Cours d'appel, et aux sentences arbitrales. (Pr. 1026.)

Les cas de requête civile énumérés restrictivement, sont : 1° Le dol personnel, c'est-à-dire les manœuvres heureuses pratiquées par la partie adverse, et sans lesquelles l'issue du procès aurait été contraire (Pr. 480, 1°; C. civ. 1116) ; 2° la violation de formalités prescrites, à peine de nullité, avouée dès-lors des jugements, quand la nullité a déjà été proposée en appel (Pr. 480, 2° ; 173); 3° le cas où les conclusions du demandeur auraient été dépassées, à plus forte raison, suppléées par le jugement qui se trouverait ainsi adjuger ce qui n'a point été réclamé (Pr. 480, 3°, 4°); 4° le cas inverse, celui où les conclusions du demandeur auraient été en partie négligées par le jugement (Pr. 480, 5°); 5° la contrariété, heureusement fort rare, de jugements rendus en dernier ressort, entre les mêmes parties sur les mêmes moyens, par le même tribunal, à son insu (C. civ. 1351, Pr. 480, 6°; 501);

de la part de deux tribunaux différents, cette contrariété donnerait ouverture à cassation (Pr. 504); 6° la contrariété de deux parties du dispositif d'un jugement (Pr. 480, 7°); 7° l'omission d'une communication au ministère public, prescrite dans l'intérêt de la partie qui a perdu et qui peut attribuer à cela sa défaite (Pr. 480, 8°; 83, §§ 1, 2, 6, 7,); 8° les deux motifs qui déjà prolongent le délai de l'appel (Pr. 448, 480, 9° et 10°); 9° pour les personnes en tutelle, exclusivement, le cas où elles ont été non défendues, par absence du tuteur (Pr. 1032; C. civ. 450), défaut chez lui d'autorisation suffisante (C. civ. 464), ou même mal défendues, victimes d'une plaidoirie maladroite. (Pr. 481.)

La requête civile comme l'opposition à un jugement par défaut, et supposé rendu sans lumière suffisante, est portée au même tribunal où le jugement attaqué a été rendu ; il peut y être statué par les mêmes juges qui ont signé la sentence, dont la *rétractation* est demandée (Pr. 490, 501). Ce but est ordinairement le seul résultat obtenu ; il appartient à une autre instance d'aboutir à jugement nouveau, hors au cas de requête civile admise pour contrariété de jugements. (502, 501, § 2).

Le délai de la requête civile est, comme celui

de l'appel, de trois mois, à partir du jour de la signification à personne ou domicile du jugement attaqué (Pr. 483, 443), il y aura d'ailleurs augmentation pareille à celle que nous avons déjà vue au titre de l'appel, pour les personnes absentes de la France continentale (Pr. 486, 487; 445, 446) pour le cas de mort de la partie condamnée (Pr. 487, 447); et enfin pour les cas de faux et de découvertes nouvelles auxquelles il faut ici joindre les cas de dol. (Pr. 438, 448).

Il y aura de plus, suspension de délai pour les mineurs jusqu'à la signification qu'ils auront reçue étant en majorité et non pas seulement comme pour l'appel jusqu'à signification faite à leur subrogé tuteur.

La procédure dite de requête civile ne pouvait être entamée sous l'ordonnance de 1667 qu'après que la permission de le faire avait été expédiée en chancellerie par *lettres royaux* qu'on appelait aussi *lettres en forme de requête civile* à cause de leur conformité avec l'acte par lequel on les demandait. Malgré l'abolition de ces lettres royaux et des chancelleries où elles s'expédiaient par la loi du 7 septembre 1790, art. 20 et 21, malgré la loi du 18 février 1791, qui assujétit la requête civile aux formes de l'appel, une requête préalable doit encore être présentée au président du tribunal (Pr. 494, tarif, art. 78) et signifiée avec requête d'avoué à avoué, si elle doit être portée devant un tribunal déjà saisi d'une contestation ; si au contraire elle doit l'être devant un autre tribunal, parce que c'est lui qui a rendu le jugement, ou si enfin elle est formée au principal en dehors de toute instance pendante, elle le sera par voie d'assignation (Pr. 492, 493, 61), et exceptionnellement, au domicile de l'avoué si elle a lieu dans les 6 mois de la date du jugement. (Pr. 492.)

La gravité des motifs du demandeur en requête civile est assurée par l'obligation de consigner au préalable 300 fr. pour amende, et 150 fr. pour dommages-intérêts payables au cas de rejet, et de produire une consultation à l'appui de la requête signée par trois anciens avocats. (Pr. 495, 500.)

TITRE VI.

RÈGLES GÉNÉRALES SUR L'EXÉCUTION FORCÉE DES JUGEMENTS ET ACTES.

64. *Quelle est la forme de rédaction qui rend exécutoires les jugements ou actes?—A quelle*

condition sont exécutoires, en France, les jugements rendus ou les actes passés à l'étranger?

65. *Que doit-on représenter, outre le jugement, à un tiers chargé de faire quelque chose aux termes mêmes de ce jugement qu'on veut en conséquence exécuter contre lui?*

66. *Que faut-il, outre un titre exécutoire, pour procéder à une saisie?*

64. L'addition de la formule exécutoire, c'est-à-dire l'intitulé au nom du chef de l'état et le mandement aux officiers de justice, de prêter main forte à l'exécution, mis à la fin des expéditions, est ce qui donne toujours, malgré toute révolution politique et dans toute l'étendue du territoire français, sans *pareatis* de la chancellerie centrale ou de celle de la cour royale dans le ressort de laquelle se fait l'exécution, force exécutoire aux jugements ou actes. Les délégués du pouvoir exécutif qui prêtent ce caractère à des décisions ou à des conventions qui sans eux seraient inutiles, sont les greffiers pour les jugements et les notaires pour les actes ; les actes publics sont seuls susceptibles d'exécution parée (*parata*), immédiate, sans jugement qui l'ordonne. (Pr. 545, 547) (1).

Pour les actes ou jugements qui viennent de l'étranger, il ne saurait en être ainsi ; car les greffiers et les officiers publics étrangers ne participent pas à la puissance exécutive française. (Pr. 546.)

Toutefois, l'exécution des actes reçus à l'étranger est possible en France, si des traités l'autorisent (C. civ. 2128); il y a un pacte de ce genre avec la Suisse, en date du 14 vendémiaire an XII, dans l'art. 15 du traité de ce jour.

Quant aux jugements étrangers, outre l'exécution en France, qui peut leur être assurée par des traités, ils peuvent être déclarés exécutoires par un tribunal français (C. civ. 2123). Disons-le cependant, il est reconnu que cette déclaration doit être précédée d'un examen du fond de l'affaire, d'une révision, quand le jugement a été rendu contre un Français :

---

(1) Seulement, ils doivent être *légalisés;* la signature du notaire qui les a reçus doit être certifiée véritable par le président du tribunal de l'arrondissement dans lequel réside le notaire; sinon, point d'exécution hors du ressort de la Cour royale ou du département, selon que le notaire est de Cour royale, ou bien d'arrondissement, ou de canton. (L. 25 ventose an XI, art. 28.)

ainsi le tribunal français procède par un jugement nouveau. On considère comme maintenu l'art. 121 de l'ordonnance de 1629, qui portait : « Les jugements rendus, contrats ou « obligations reçus des royaumes ou souverai- « netés étrangères, n'auront aucune hypothèque « ni exécution en notre royaume, ainsi (mais) « tiendront les contrats lieu de simples promes- « ses, et nonobstant les jugements, nos sujets « contre lesquels ils auront été rendus, pourront « de nouveau débattre leurs droits comme entiers « par devant nos officiers. »

65. L'opposition et l'appel ont un effet suspensif, à l'égard de l'exécution ; il est donc nécessaire de prouver qu'aucune de ces voies n'a été employée, à un tiers dont on réclame l'exécution immédiate du jugement, et, par exemple, à un conservateur des hypothèques dont on requiert la radiation prononcée d'une inscription hypothécaire, à un officier de l'état civil qu'on veut obliger de célébrer un mariage après main levée d'une opposition qui avait été formée; il faut représenter, à ces tiers un certificat de non opposition ni appel délivré par le greffier (Pr. 164, 548, 559). Celui-ci ne le délivre que sur l'inspection du registre où s'inscrivent les mentions d'opposition et d'appel. (Pr. 163, 549.)

66. Mais il faut pour procéder à une saisie autre chose qu'un titre exécutoire, jugement en bonne forme ou acte public ; il faut que la dette qu'il énonce soit et *certaine*, constante et *liquide*, d'une quantité déterminée ; il faut même qu'elle soit liquidée en argent pour que la saisie puisse être suivie des formalités nécessaires pour arriver à la vente. (Pr. 551.)

TITRE VII.

DES SAISIES ARRÊTS OU OPPOSITIONS.

67. *En quoi la voie de saisie arrêt déroge-t-elle aux règles générales sur l'exécution des jugements?*

68. *Comment empêche-t-on un débiteur de se libérer entre les mains de son créancier?*

69. *Comment force-t-on un débiteur à se libérer entre les mains du créancier de son créancier?*

70. *Quelles choses sont insaisissables?*

67. La voie de la saisie arrêt, c'est-à-dire de la saisie par laquelle vous commencez par empêcher un débiteur de votre débiteur de se libérer entre les mains de ce dernier (C. civ. 1242), et vous le contraignez ensuite de se libérer entre les vôtres, n'exige pas, dans l'origine, un *titre exécutoire*, pas même un titre privé (Pr. 558); elle n'exige pas non plus une *chose liquide* (Pr. 559, §2). Ainsi double dérogation à l'art. 551.

68. La première période de la saisie arrêt, celle qui aboutit à une interdiction de paiement de la part d'un débiteur à son créancier, débiteur d'une autre personne, d'un *tiers saisi* au *débiteur saisi*, pour la conservation des droits d'un *saisissant*, comprend 1° une saisie arrêt faite entre les mains du *tiers saisi*, par exploit contenant une énonciation du titre (titre authentique ou privé, ordonnance du juge et de la somme pour laquelle est faite la saisie, des *causes de la saisie* (Pr. 559); 2° une dénonciation de cette saisie arrêt au *débiteur saisi*, avec assignation de validité, pour le mettre en demeure de lever l'obstacle opposé au recouvrement de sa créance, en désintéressant son propre créancier ou en repoussant judiciairement sa demande

(Pr. 563) ; 3° une dénonciation au tiers saisi de cette assignation en validité (Pr. 564). Ces deux dénonciations doivent être faites l'une après l'autre, chacune dans un délai de huitaine ; le premier de ces délais court de la saisie arrêt. Mais ils sont tous deux susceptibles d'augmentation à raison des distances ; le premier, si le tiers saisi n'habite pas au même lieu que le saisissant, du temps nécessaire pour que celui-ci reçoive l'original de l'exploit de saisie arrêt, et, de plus, du temps nécessaire pour que la copie en parvienne au débiteur saisi, dans le cas où il n'habite pas non plus la même ville que le saisissant. (Pr. 563, 564).

69. On peut, en vertu d'un titre authentique, assigner le tiers saisi en déclaration ; s'il ne déclare rien, ou s'il ne justifie pas qu'il se soit libéré, ou si enfin, sa déclaration négative étant rejetée, ou sa déclaration affirmative admise valable, il devra payer au saisissant et non au débiteur saisi. (Pr. 577, 579).

70. La loi de procédure reconnaît le caractère *d'insaisissabilité* 1° aux objets déclarés insaisissables par la loi, ainsi à ceux qu'énumère l'art. 592 du Code de Procédure, aux rentes sur l'Etat (L. 8 nivose an VIII, art. 4), aux revenus des majorats (L. 1er mars 1808) ; 2° aux provisions *alimentaires* adjugées par justice, et aux sommes et pensions données à titre d'*aliments;* 3° aux sommes et objets pris sur la quotité disponible (C. civ. 913, 915), déclarés insaisissables, par le donateur (Pr. 581). Mais une créance d'aliments (C. civ. 205) motive une saisie sur les provisions alimentaires ; quant à l'insaisissabilité, qui est l'œuvre du donateur, le juge peut y porter atteinte au profit des créanciers postérieurs à la donation (Pr. 562), et dès-lors étrangers aux prévisions haineuses qui l'ont caractérisée et probablement même produite.

TITRE XVI.

DES RÉFÉRÉS.

71. *Qu'est-ce qu'un référé? — Quel caractère a une décision qui le termine?*

71. Un référé est une procédure employée dans les cas de la plus grande urgence, dans les affaires assez pressantes pour que la procédure sommaire elle-même semble ne plus suffire. Le plus souvent, les référés surgissent des difficultés relatives à l'exécution d'un titre exécutoire (Pr. 806). Ils s'introduisent par assignation à bref délai, et se portent devant le président du tribunal à l'audience ou à son hôtel, s'il l'a permis. (Pr. 807, 808.)

Ils se terminent, à la différence de toutes autres instances soit ordinaires, soit sommaires, par une ordonnance purement provisoire, qui ne fait aucun préjudice au principal. (Pr. 809.)

Ils ne sont pas susceptibles d'opposition. On peut en appeler immédiatement, et on ne le peut que pendant quinzaine. (Pr. 809, dérogation à 157, 158; 449, 443.)

LIVRE TROISIÈME.

TITRE UNIQUE.

DES ARBITRAGES.

72. *Qu'est-ce que* compromettre? — *Quelle capacité est nécessaire chez la personne qui compromet? — Quels objets ne sont pas sus-*

ceptibles de compromis? — Comment finit le compromis? — Quelles règles suivent les arbitres dans les débats qui se passent devant eux et dans leurs décisions?

73. *Qui donne aux sentences arbitrales force exécutoire? — Quel recours spécial est ouvert contre une ordonnance d'exécution d'un jugement arbitral, délivrée induement?*

72. Compromettre, c'est soumettre un différend à un ou plusieurs arbitres qu'on choisit d'accord avec son adversaire.

La capacité d'aliéner, de renoncer, doit exister chez la personne qui compromet, à l'égard de l'objet du compromis (Pr. 1003) ; car il est certain que les droits ainsi remis entre les mains des arbitres n'en sortiront pas entiers; l'une des parties verra tout ou partie de ses droits détruits par la sentence arbitrale. Le compromis est donc interdit en règle générale, au mineur et à la femme mariée : à l'un pour incapacité naturelle, à l'autre pour incapacité civile. Mais le mineur émancipé peut compromettre sur ses revenus comme il peut en donner décharge, en aliéner la créance (C. civ. 481), et la femme séparée de biens, le peut sur son mobilier, puisqu'elle en peut disposer. (C. civ. 1449, 1536.)

L'objet de certaines contestations empêche qu'elles ne puissent être vidées par arbitres; tels sont les aliments, trop nécessaires à l'individu pour que la loi lui permette d'en abandonner le sort à la décision de simples particuliers après les avoir mis à l'abri de toutes saisies (Pr. 581); telles sont les causes sujettes à communication au ministère public, à cause de leur intérêt d'ordre public, de la nécessité que l'organe de la société s'y fasse entendre; ce qui ne serait pas possible devant des arbitres. (Pr. 1004, 83.)

Le compromis finit :

1°. Par refus ou cessation de fonction de la part d'un des arbitres; 2° par expiration de délai de trois mois, depuis que dure la mission des arbitres; 3° par le partage, si les arbitres n'ont pas le pouvoir de prendre un tiers arbitre pour se départager. (Pr. 1012.)

Dans les débats, la règle de la procédure ordinaire; dans les sentences, la règle du droit (Pr. 1009, 1019.) Mais le droit peut être écarté par une cause du compromis qui leur donne le pouvoir de prononcer comme *amiables compositeurs* (Pr. 1019); en ce cas, ils ne doivent s'attacher qu'à l'équité.

73. Dépourvus de l'autorité qui confère aux tribunaux le pouvoir de donner force exécutoire à leurs jugements par l'insertion d'une formule, les arbitres s'adressent au président du tribunal de l'arrondissement dans lequel a été rendue leur sentence, pour lui demander une ordonnance *d'exequatur* (Pr. 545, 1020). Il la délivrera sans entrer dans l'examen du fond comme doit le faire un tribunal français, appelé à déclarer exécutoire une sentence d'un tribunal étranger, mais non sans avoir constaté la validité du compromis d'une part; ainsi, par exemple, l'observation de l'article 1003, relatif à son objet, d'un autre côté, la stricte exécution qu'il a reçue de la part des arbitres, et le concours qu'ils ont tous prêté à la rédaction du jugement arbitral.

L'oubli de ce devoir par le président qui délivre l'ordonnance, autorise chacune des parties à se pourvoir contre elle et contre le jugement arbitral par voie d'opposition (Pr. 1028), voie d'ailleurs qui n'a que le nom de commun avec celle qui est ouverte contre les jugements par défaut. (Pr. 149)

DISPOSITIONS GÉNÉRALES.

74. *Quelles sont les nullités qui peuvent et doivent être supplées malgré les termes de la loi* (**Pr. 1030**), *dans les exploits et actes de procédure?*

75. *Comment se déterminent les* délais *de procédure qui ont pour origine des actes signifiés à personne ou domicile, et non à avoué? — Comment se déterminent les délais que font courir des actes signifiés à avoués?*

74. Quoique le Code, après avoir déclaré que les nullités prononcées par lui n'étaient pas comminatoires, de pure menace, abandonnées, dans leur application, à l'arbitrage du juge, ait ajouté que, d'un autre côté, elles étaient d'un droit strict et qu'ainsi la loi en cette matière ne semble admettre ni rien de moins, ni rien de plus, il faut pourtant éclaircir la loi par une distinction.

Le juge ne peut passer outre sur aucune nullité, mais il doit même aller quelquefois jusqu'à suppléer des nullités. La défense que porte la loi à cet égard ne se rapporte qu'à celles d'un intérêt secondaire. Les formalités importantes ne sauraient être omises impunément, même dans le silence de la loi. Elle n'avait besoin de parler là où le bon sens parle pour elle. Les conditions essentielles, nécessaires, d'un acte, doivent être exigées impérieusement ; ainsi, le défaut de nullité attaché aux formalités d'une citation en justice de paix, ne l'empêcherait pas d'être nulle si elle ne contenait ni demandeur ni défendeur, etc.

75. Pour les délais qui commencent à dater d'une signification à partie, on ne compte ni le jour auquel ils commencent, ni le jour auquel ils aboutissent, ni le *dies à quo*, ni le *dies ad quem;* par là, ils sont francs (Pr. 1033). Tel sera le délai de trois jours pour comparaître, fixé par la citation en conciliation (Pr. 51), celui de huit jours pour constituer avoué, fixé par un ajournement (Pr. 61), celui de un jour pour venir à l'enquête, fixé à la partie assignée (Pr. 260), celui de trois mois pour l'appel. (Pr. 443.)

Les actes signifiés d'avoué à avoué, ne jouissent d'aucune faveur de délai ; on compte le jour *ad quem*, le dernier jour du délai est fatal. Mais on ne compte pas le jour *à quo*, parce qu'alors la partie n'était pas avertie qu'il fallait agir. Ainsi une opposition ne pourrait être faite à un jugement par défaut contre avoué le lendemain du délai de huitaine (Pr. 157), et un appel peut être interjeté le lendemain du délai de trois mois après l'expiration du jour de la signification du jugement (Pr. 443). Les connaissances de l'avoué, en procédure, dispensaient la loi d'être indulgente dans le calcul des délais.

FIN.

www.ingramcontent.com/pod-product-compliance
Ingram Content Group UK Ltd.
Pitfield, Milton Keynes, MK11 3LW, UK
UKHW020606180726
13838UKWH00001B/460